KU-180-167

Objectif Bac 2

Project leader and lead author

Martine Pillette

Suzanne Graham

Project consultant

Eileen Velarde, Chief Examiner for a major examining group.

Published by HarperCollins *Publishers* Limited
77–85 Fulham Palace Road
Hammersmith
London W6 8JB

www.**Collins**Education.com
On-line support for schools and colleges

© HarperCollins *Publishers* Limited 2000
First published 2000

ISBN 0-00-320256-9

Martine Pillette and Suzanne Graham assert the moral right to be identified as the authors of this work.

All rights reserved. No part of this publication may be reproduced, stored in a retrieval system, or transmitted in any form or by any means, electronic, mechanical, photocopying, recording or otherwise without either the prior permission of the Publisher or a licence permitting restricted copying in the United Kingdom issued by the Copyright Licensing Agency Ltd., 90 Tottenham Court Road, London W1P 9HE.

British Library Catalogue in Publication Data
A catalogue record for this publication is available from the British Library.

Edited by Melanie Norcutt and Lisa Carden
Cover design by Chi Leung
Production by Adam Smith
Photo and text research by Charles Evans
Typeset by G & E 2000
Printed and bound in Hong Kong by Printing Express

Acknowledgements

The Authors and Publishers would like to thank the following for their assistance during the writing and production of *Objectif Bac 2*:

Kate Townshend , Moorside High School, Stoke-on-Trent, for assistance in the development of, and commenting on, the manuscript.
Danièle Bourdais, for checking the manuscript.

Realia

p14: *L'Express* 2366 (pp92-93); p19: *L'Express* 11/9/97 (pp36-7); p26: *Le nouvel Observateur* 1806, (p42); p27: *Le nouvel Observateur* 1806, (p45); p30: *The Sunday Times*, 17th August 1997 © Times Newspapers Limited; p32: *L'Entreprise en Solo* nb2 (p41); p33: *Le nouvel Observateur* 1794, (p42-3); p36: *L'Express* 26/2/98; p40-41: *L'Express* 31/7/97; p46: taken from francophonie.org/lettre/no95ecole.htm; p57: *L'Express* 2506, (p18); p58: taken from *Le nouvel Observateur* 1793, (p10); p68: *L'Express* 2380, (p24); p71: «Les raisins de la galère» de Tahar Ben Jelloun© LibrarieArthème FAYARD, 1996; p75: *Le nouvel Observateur* 1751 (p13); p95: (figures) L'INSEE; p103: extract from *La publicité* by Jacques Séguéla – collection les Essentiels © Editions Milan; p107: *Label France*, avril 1998, (pp32-3); p115: SDRM/SACEM;

Illustrations

L'Express Photo Library: pp54, 57
France Télécom: pp61, 100
CROUS: p67

La Croix: p68 (top)
Seuil: p71 (top)
Librarie Arthème FAYARD: p71 (bottom), 75
Les Restos du Coeur: p 87
Clé International: p88
Hachette Prague: p98 (top right)
La City: p98 (bottom)
Renault: p100
Kookaï: p106
Femme d'Aujourd'hui: p106 (bottom)
Label France – avril 1998: p107
Ca m'interesse: p109
L'Entreprise en Solo: p32

Cover photos/artwork

Monet , Jardin en Fleurs, 1866 – AKG London
World Cup 98 – The Associated Press
Pompidou Centre – The Associated Press
La Grande Arche – Stone

Photos

Telegraph Colour Library: 7, 54, 56, 58, 96,
Agence REA: 23
Agence France Presse: 17, 21, 27, 29, 31, 35, 36, 37, 39, 43, 44, 45, 53, 63, 69, 70, 76, 84, 85, 87, 91, 95, 105, 111, 114, 115,
Sally and Richard Greenhill: 16, 19, 34,
John Walmsley: 26, 65
The Bridgeman Art Library: 35, 78, 106 (top: The Goldfish Bowl by Henri Matisse (1869–1954), Musée d'Art Moderne, France
Stone: 41, 49, 83, 93 (top), 94,
Corbis Sygma: 51, 66, 75 (top),
Agence Editing: 57
L'Express Photo Library: 55, 77
Gamma Presse: 68 (bottom), 74, 82,
EDIMEDIA: 73
Rex Features: 75 (bottom)
Collection Kharbine-TAPABOUR: 97
Agence Stock Photo: 117

Artwork

Contour Publishing: p 42
Paul McCaffrey (Sylvie Poggio Artist's Agency): pp14, 15, 25
Abigail Conway (Sylvie Poggio Artist's Agency: p60

Every effort has been made to contact the holders of copyright material, but if any have been inadvertently overlooked, the Publishers will be pleased to make the necessary arrangements at the first opportunity.

You might also like to visit www.**fire**and**water**.co.uk The book lover's website

Table des matières

Points langue

Unité	Sujets traités	Points langue	Mieux communiquer	Techniques de travail
1 **France –** **Portrait-** **robot**	Portrait-robot de la France Aspects comparatifs Simple réflexion sur la France	Présent Comparaisons Questions Prononciation: sons -u- et -ou-	Comprendre et expliquer quoi faire S'informer Comparaisons Nombres et statistiques (à suivre)	S'aider du contexte en lecture Lecture rapide: points clé Identifier des mots individuels à l'écoute Nombres et statistiques à l'écoute
2 **Et moi,** **dans tout** **ça?**	La personnalité Le look	Imparfait Qui/que Adjectifs Superlatif Prononciation: sons -é-/-è-/-eu- ouvert/fermé	Exprimer des opinions Parler plus	Apprendre du vocabulaire Prédire le genre des noms Suffixes français et anglais Dictionnaire français-anglais: mots à sens multiple Ecrire un paragraphe (structure et précision)
3 **Familles:** **évolution ou** **révolution?**	Evolution de la famille Relations familiales	Futur Conditionnel présent Impératif Prononciation: sons -tient et -tion	Participer à une conversation Parler des droits et des devoirs Donner des conseils	Apprendre du vocabulaire Familles de mots Prendre des notes à l'écoute Parler à partir de notes
4 **La France** **par l'info**	Tourisme et voyages Contrôler les enfants Santé économique	Passé composé Infinitif passé Passé composé ou imparfait? Prononciation: l'accent tonique	Nombres et statistiques (suite) Exploiter une ressource visuelle (diagramme, etc.)	Mots de liaison Synonymes à la lecture et à l'écoute Prendre des notes sur ses recherches Formation des mots Lire plus vite Résumer en anglais
5 **Stop études**	Programmes scolaires Auto-analyse Changements souhaités	Négations Subjonctif (voudrais/aimerais. . .) Éviter le subjonctif Adverbes Prononciation: sons -on- et -en-	Participer à un débat Comparer et contraster Demander des opinions Emettre des suggestions	Mots de fréquence Dictionnaire anglais-français: mots à sens multiple Planifier un travail écrit
6 **Bonjour,** **l'avenir**	Pourquoi faire des études? Stages et petits boulots Regard sur la vie active	Conjonctions et subjonctif Souhait + «qui/que/où» + subjonctif Prononciation: voyelles courtes	Ecrire une lettre officielle Participer à une interview Exprimer ses intentions Exprimer souhaits et éventualités	Retravailler un brouillon Ecrire une bonne introduction
7 **Quelles** **nouvelles?**	Les nouvelles dans le journal et à la radio Opinions personnelles sur les journaux	Plus-que-parfait Pronoms d'objet direct Passif Préposition + infinitif Prononciation: liaisons	Rapporter des événements Registre parlé/écrit	Traduire en anglais Enchaînement d'une phrase à l'autre Comparer des ressources parlées et écrites Semi-improvisation orale Ponctuation
8 **Santé: les** **temps** **modernes**	Maladies et médecine des temps modernes	Subjonctif (expressions impersonnelles) et comment l'éviter Infinitifs utilisés comme noms «Ça rend/fait» Pronoms «dont» et «en»	Exprimer opinions et croyances Donner des définitions	Dictionnaire monolingue: recherche de synonymes Comparer différentes ressources écrites Traduction guidée en français
9 **La ville en** **mutation**	Les villes changent La campagne se vide Le logement	Subjonctif (doute et émotion) Pronoms «moi, toi. . .» Pronom «y» Prononciation: sons -u-/-ou-/ -au-/-eu-	Activités de simulation Exprimer la déception Se plaindre Exprimer le besoin	Mieux réviser Réduire l'emploi du dictionnaire Résumer en français

Objectif Bac 1

Unité	Sujets traités	Points langue	Mieux communiquer	Techniques de travail
10 **Planète grise**	La pollution urbaine et rurale Les problèmes liés aux transports urbains	Expressions impersonnelles Pronoms d'objet indirect Participe présent Prononciation: son [j]	Evaluer des faits et opinions Suggérer des alternatives	Ecoute: comment aborder un passage assez long Conclure une rédaction Conseils d'examen (écoute et lecture)
11 **Besoin de vacances?**	Préférences-vacances Etude comparative Les vacances et la nature Vacances-jeunes	Recycler les Unités 1–10 à travers le thème des vacances Conseils d'examen (oral et écrit)		

Objectif Bac 2

Unité	Sujets traités	Points langue	Mieux communiquer	Techniques de travail
1 **Gagner sa vie**	L'évolution de l'emploi Travailler à son compte Le travail à distance Les horaires diminuent	Le subjonctif présent: conjonctions + rappel Les pronoms relatifs: rappel + «ce qui/ce dont...» Révision phonétique	Présenter un argument (registres écrit et parlé) Exprimer le besoin	Mieux écouter Apprendre la grammaire Se préparer pour un débat
2 **Un avenir pour tous?**	Chômage et faux emplois Banlieues et jeune délinquance	Le conditionnel passé L'infinitif passé Révision	Mots-charnières: recyclage et consolidation	Mieux parler Registre relâché à l'écoute Exploiter un texte anglais
3 **La France dans le monde**	La France et son identité La France et l'Union européenne La francophonie et la décolonisation	Le passé simple Le pronom «y»	Planifier une rédaction (rappel) Donner des explications	Mieux lire Apprendre par cœur
4 **Le progrès à pas de géant**	Science: la génétique Progrès technologiques	Faire des allégations Le subjonctif en début de phrase: «Quel que...», etc	Mieux communiquer Débattre un argument	Mieux écrire Mieux évaluer son travail écrit
5 **Français? Oui... et non**	L'immigration Nouvelles identités	Le subjonctif parfait «Il lui/leur est» + adjectif Inversions stylistiques	Recyclage	Mieux réviser (1) Compte-rendu d'article anglais
6 **Valeurs d'aujourd'hui**	L'évolution des valeurs Aider les autres	L'accord du participe passé avec les pronoms Préposition + pronom relatif	Réfuter un argument	Mieux réviser (2)
7 **Question d'image**	La consommation Le marketing La publicité	Le futur antérieur *Could, should, would,* etc.	Faire l'interprète	Conseils d'examen
8 **La culture à toutes les sauces**	Loisirs et culture Culture et identité nationale La chanson a son mot à dire	Pratique intensive des techniques d'examen		

Introduction

D'*Objectif Bac 1* à *Objectif Bac 2*

Objectif Bac 2 comporte 8 unités légèrement plus longues, mais structurées de la même manière que pour *Objectif Bac 1*.

Chaque unité se concentre sur plusieurs aspects fondamentaux liés à la France ou aux pays de langue française: culture, économie, politique, etc. Pour chaque thème, vous trouverez des faits précis et des activités qui vous aideront à les comprendre et à les analyser. A ce niveau d'études, vous devez en effet démontrer une connaissance suffisante de la culture et de la société.

Cette année, vous étudierez quelques thèmes plus en détail pour votre examen oral et écrit, mais, pour l'écoute et la lecture, votre examen portera sur l'ensemble des thèmes présentés dans *Objectif Bac*.

Bien sûr, en plus de l'aspect socio-culturel, *Objectif Bac 2* vous prépare à votre examen non seulement par une approche rigoureuse du vocabulaire et de la grammaire, mais aussi par des techniques d'examen vous aidant à mieux démontrer vos compétences.

Bonne chance.

Les francs et les euros

- Janvier 2002: l'euro remplace entièrement le franc.
- Valeur fixée le 31/12/98: 1 euro = 6,55957 francs!

Conversion francs-euros *(en chiffres ronds)*		Conversion euros-francs *(en chiffres ronds)*	
10F	= 1,5€	1€	= 6,55F
20F	= 3€	5€	= 33F
50F	= 7,5€	10€	= 66F
100F	= 15€	20€	= 131F
200F	= 30€	50€	= 328F
500F	= 76€	100€	= 656F
1 000F	= 152€	200€	= 1 319F
2 000F	= 304€	500€	= 3 280F
5 000F	= 762€	1 000€	= 6 559F
10 000F	= 1 525€	2 000€	= 13 118F

Gagner sa vie

Sujets traités	Points langue	Mieux communiquer	Techniques de travail
L'évolution de l'emploi **Travailler à son compte** **Le travail à distance** **Les horaires diminuent**	**Le subjonctif présent: conjonctions + rappel** **Les pronoms relatifs: rappel + «ce qui/ce dont . . .»** **Prononciation:** Lier les sons à l'écriture (+ la phonétique)	**Présenter un argument (registres écrit et parlé)** **Exprimer le besoin**	**Mieux écouter** **Apprendre la grammaire** **Se préparer pour un débat**

A la fin de cette Unité, vous devrez démontrer:
– que vous avez une idée assez claire de l'évolution du monde du travail en France
– que vous savez exprimer des idées personnelles à ce sujet.

Parcourez donc l'Unité durant quelques minutes afin de découvrir les sujets traités et de guider vos recherches personnelles – en français ou en anglais – dans ces domaines.

1 Commencez cette Unité par une discussion assez générale.

- Pourquoi travailler?
- Avez-vous l'intention de travailler plus tard? Si oui, avez-vous une idée de ce que vous ferez?
- Qu'est-ce qui motive vos préférences? De quoi dépendront vos choix?
- L'idée d'entrer dans la vie professionnelle vous rend-elle nerveux? Impatients?
- D'après vous, quelle place tiendra le travail dans votre ordre de priorité?
- Pour quelles raisons des personnes de votre connaissance sont-elles heureuses ou malheureuses dans leur travail?

envisager de. . .
to envisage, consider. . .

dépendre de/si . . .
to depend on/if . . .

selon que/suivant que . . .
depending on whether . . .

baser son choix sur . . .
to base one's choice on . . .

attacher plus d'importance à . . .
to grant more importance to . . .

Vivre pour travailler?

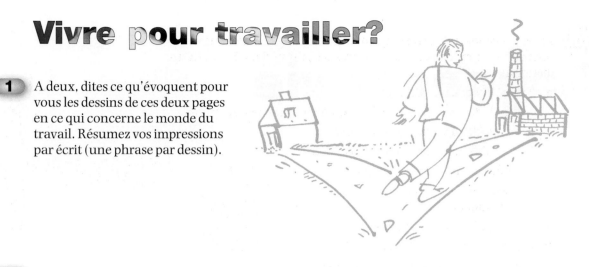

1 A deux, dites ce qu'évoquent pour vous les dessins de ces deux pages en ce qui concerne le monde du travail. Résumez vos impressions par écrit (une phrase par dessin).

2 **A** Les citations ci-dessous vous semblent-elles plutôt favorables au travail ou expriment-elles une certaine réserve?

B Avec lesquelles êtes-vous le plus d'accord?

a
L'argent ne fait pas le bonheur.

b
Le travail, c'est la santé.

c
Le labeur, c'est le bonheur.

e
L'argent ne fait pas le bonheur, mais il y contribue.

d
Vivement la retraite!

f
Le travail, c'est l'épanouissement.

h
Le travail ouvre bien des portes.

g
Pas besoin de carrière pour se valoriser.

i
Marginal ou travailleur: il faut choisir.

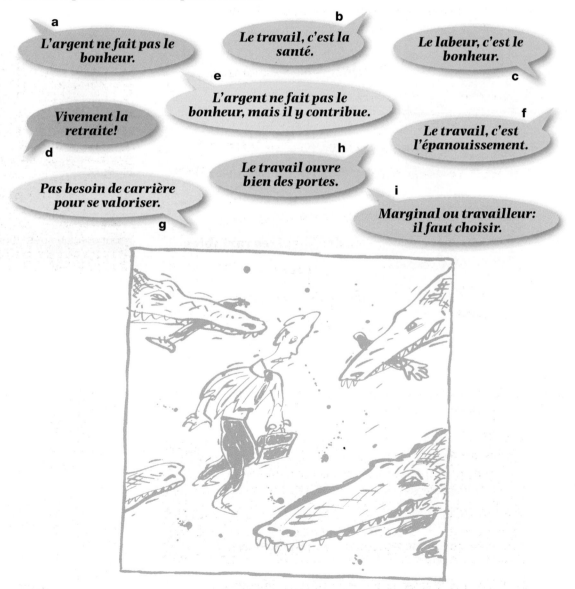

3 Les expressions qui correspondent aux définitions ci-dessous vous sont données sur cassette. Transcrivez-les puis vérifiez à l'aide d'un dictionnaire.

a Travail illégal, non déclaré

b Méthode de développement des compétences tout en travaillant

c La partie de sa vie passée à travailler

d L'ensemble des individus qui travaillent

e Période qui suit la vie professionnelle

f Une association qui défend les intérêts des travailleurs

g L'action d'offrir des emplois

h L'action de renvoyer des employés

i L'instabilité au niveau du recrutement

j Le fait d'être travailleur indépendant

4 Comprenez-vous les expressions ci-dessous? Discutez-en à plusieurs ou aidez-vous d'un dictionnaire.

horaires

styles de travail ou d'emplois

argent

relations employés-employeurs

le patronat

le salaire minimum

travailler à temps partiel

le télétravail

les revendications syndicales

les revenus

le secteur tertiaire

être syndiqué

une profession libérale

un cadre

avoir des horaires variables

un conflit salarial

faire les trois-huit

gagner sa vie

travailler à temps partiel

faire grève

un contrat à durée déterminée

Techniques de travail

Apprendre du vocabulaire   *RAPPEL*

Classer le vocabulaire par catégories aide à l'apprendre. Essayez avec le vocabulaire ci-contre (ex. Personnes/ Argent/ Temps de travail. . .).

Pour vous faciliter la tâche, vous pouvez aussi vous entraîner à faire une phrase pour chacune des nouvelles expressions rencontrées.

5 **A** Ecoutez l'information sur le travail en France et soulignez les mots différents (**feuille 1**).

Techniques de travail

Vocabulaire   (EXAMEN)

Dans ce genre d'activité – utilisé dans les examens – les différences portent toutes sur des synonymes. Elles ne concernent pas des éléments d'information mais essentiellement des mots de liaison, adverbes, structures et conjonctions . . . – tout aussi essentiels pour assurer une bonne compréhension. Apprenez donc à bien les reconnaître.

B Réécoutez le passage afin de rectifier les différences.

Mieux écouter

Pourquoi comprenez-vous parfois mal à l'écoute?

Parce que vous ne connaissez pas certains mots.

Que faire?

Apprenez régulièrement des mots et expressions concrets et abstraits, d'ordre général (*selon que*) ou liés à un thème en particulier (*le travail au noir*).

Ne vous bloquez pas sur chaque mot individuellement. Aidez-vous également du contexte et n'oubliez pas que certaines choses sont parfois répétées, avec des mots différents et peut-être plus faciles à comprendre.

Parce que vous ne reconnaissez pas certains mots familiers.

Pourquoi pas?

Parce que vous n'arrivez pas à distinguer combien de mots sont prononcés.

Pourquoi pas?

A cause de la vitesse.

A cause des liaisons.

Parce que vous n'arrivez pas à visualiser les sons.

Que faire?

Parce que vous ne faites pas assez attention aux mots de liaisons (cependant, etc.) et aux conjonctions (quoique, etc.).

Que faire?

Cherchez un maximum de mots et d'expressions de ce genre dans vos notes de vocabulaire, enregistrez-les et testez votre compréhension en les écoutant régulièrement. Mieux encore, faites des phrases avec, puis enregistrez-les pour vous tester de manière plus authentique.

Parce que vous ne faites pas assez attention aux adverbes, par exemple aux expressions négatives (ne . . . guère, etc.) ou aux expressions restrictives (à peine, etc.).

Que faire?

Parce que votre expérience, vos préjugés, etc., vous font tirer des conclusions inexactes.

Que faire?

Les prédictions basées sur l'expérience sont utiles, mais gardez l'esprit ouvert et n'écoutez pas trop hâtivement.

Parce que vous vous bloquez sur des conclusions inexactes au niveau des sons. Exemple: un parti politique / La majeure partie / Il est parti / Ils sont repartis / Ils sont répartis / Un partisan.

Que faire?

Aidez-vous du contexte.

Essayez d'établir si le mot en question est un nom, un verbe, etc.

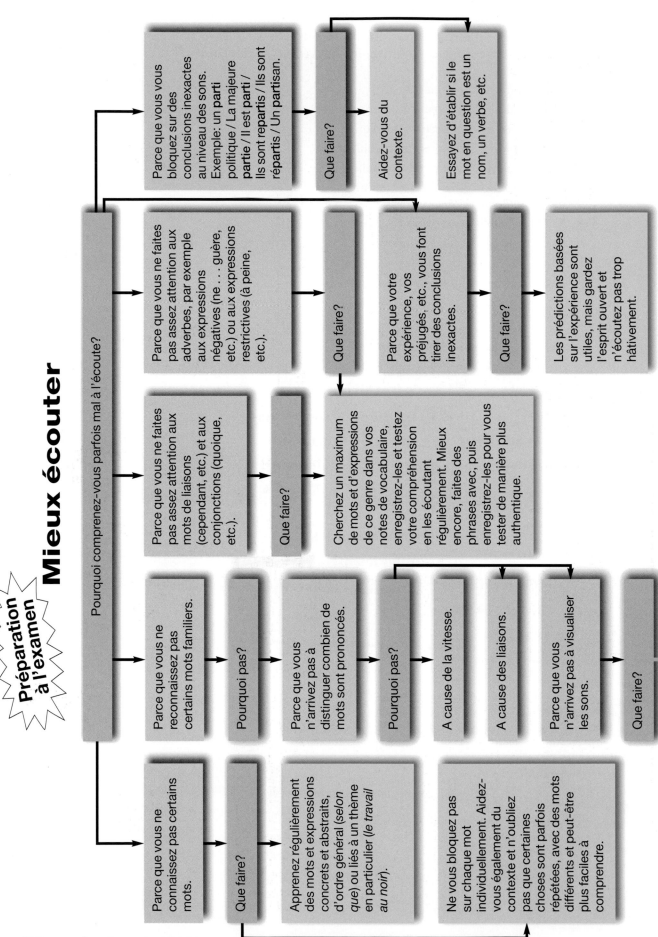

Vitesse

Ecoutez un court passage sans interruptions sans le texte, puis avec le texte, puis à nouveau sans le texte. Ça va déjà mieux?

Ecoutez une dernière fois avec le texte en vous arrêtant pour souligner les passages mal compris. Analysez ensuite les raisons de chaque difficulté de compréhension rencontrée: nombre de mots mal distingués? liaisons? mauvaise visualisation des sons entendus? Réécoutez le passage quelques jours plus tard.

Pratiquez de cette manière avec le passage A (**feuille 2**) puis, de temps en temps, avec des passages de votre choix.

Liaisons

Lisez un passage et essayez de deviner les liaisons que vous allez entendre.

Ecoutez ensuite le passage en question et notez dans le texte les liaisons que vous entendez.

Entraînez-vous à lire le passage à haute voix sans oublier de faire les liaisons.

Ecoutez le passage une dernière fois, mais sans le texte.

Pratiquez de cette manière avec le passage B (**feuille 2**) puis, de temps en temps, avec des passages de votre choix.

Visualiser les sons

Apprenez à reconnaître et à visualiser les différentes orthographes qui peuvent correspondre à un même son. Exemples: *vent/devant; main/rien/sein/tien/pin; sien/science/messieurs/soucieux/pression/action/prétentieux/patience.*

Apprenez à bien prononcer les mots nouveaux pour pouvoir mieux les reconnaître à l'écoute (*chrétien* ➞ *dentiste* ou *examen?*).

Entraînez-vous à prononcer correctement les mots qui ressemblent à l'anglais – souvent mal reconnus à l'écoute: *carrière, statut . . .*

Familiarisez-vous avec certains symboles phonétiques (voir listes vers le début de votre dictionnaire) pour apprendre à mieux prononcer. Cherchez par exemple par quels symboles les sons contenus dans *vent/devant . . ., main/rien . . . et sien/science . . .* sont représentés.

Passez à l'activité C (**feuille 2**).

ɛ̃ ɔ h e ã ʒ R ɣ

Patron? Quel patron?

1 **A** De plus en plus d'ex-employés créent leur propre emploi. Sélectionnez dans l'article **p13** cinq mots ou expressions qui vous sont inconnus mais qui semblent importants, puis essayez de les élucider à plusieurs avant d'avoir recours à un dictionnaire.

B Relisez l'article en écoutant les six questions et en y répondant oralement ou par écrit.

C Complétez **1–4** avec un mot par blanc, de manière à refléter l'article.

1 A sa sortie du collège, Jacqueline ne pouvait _____ espérer _____ qu'un emploi non qualifié.

2 _____ _____ réussi au bac, elle est devenue représentante de commerce.

3 _____ _____ sa performance, elle a obtenu des commissions très élevées.

4 Quand son entreprise l'a _____, Jacqueline s'est retrouvée _____.

> **Point langue** **Extra**
>
> ● Usage du présent dans le deuxième paragraphe: voir **p136**
>
> ● Formes pronominales *s'est acheté* et *s'est équipée* (dernier paragraphe): voir **p140**.

D A deux, expliquez en 50 mots ce qui a assuré le succès de A Votre Service.

2 **A** Tout le monde ne réussit pas aussi bien que Jacqueline. Ecoutez les conseils aux personnes qui souhaitent créer leur propre emploi et prenez des notes sur les critères de départ pour réussir.

B Ecoutez, complétez puis traduisez les cinq extraits d'interview ci-dessous.

1 Ce qui est assez amusant, …   **4** Ce qui est certain, …

2 Ce que je trouve essentiel, …   **5** Ce dont vous parlez, …

3 Ce dont je m'occupe, …

Point langue

Ce qui... / Ce que... / Ce dont... ▶▶ *pp131–2*

● Vos traductions commencent probablement toutes par *What* + verbe ou *What* + pronom personnel + verbe.

● Quand vous voulez utiliser ce genre d'expression, utilisez les critères que vous avez appris afin de bien choisir entre «qui», «que» ou «dont» (voir pp131-2).

Exemples: Extrait 1 – «Ce qui», parce que cette expression est **sujet** de «est amusant».

       Extrait 2 – «Ce que», parce que cette expression est **objet** de «je trouve essentiel».

       Extrait 3 – «Ce dont», parce qu'on dit «parler **de**» (intransitif).

● A la place, on peut employer «Il est assez amusant de...», «Je trouve essentiel de...» ou «Je m'occupe de...», mais à l'oral on emploie plus fréquemment «Ce qui...», etc.

3 Utilisez les expressions ci-dessous pour vous entraîner à faire des phrases commençant par «Ce qui/que/dont...», sur le même thème que dans **l'activité 2**.

il faut se méfier   on a souvent besoin

il faut bien comprendre   peut assurer le succès

est absolument nécessaire   effraie certains

on doit prévoir   on parle rarement

on a tendance à oublier

4 Créer votre propre emploi serait-il susceptible de vous intéresser ou non? Parlez-en en groupe, puis exposez vos réflexions par écrit (environ 200 mots).

Jacqueline à votre service

Orientée vers des études courtes à sa sortie du collège, Jacqueline n'avait guère espoir de trouver mieux qu'un emploi non qualifié, probablement en usine. Pourtant, à 32 ans, elle dirige maintenant une entreprise: *son* entreprise. Elle vend tout simplement ses services aux personnes âgées qui n'ont ni famille ni amis à portée de la main, ou qui préfèrent payer plutôt que d'importuner leur entourage.

Après un BEP* de deux ans, elle refuse la quasi-fatalité des boulots mal payés et, deux ans plus tard, obtient un bac professionnel en vente. Elle devient ensuite représentante de commerce pour une entreprise de meubles de jardin avec, pour objectif, de doubler la clientèle dans une région jusque-là négligée par son entreprise. Sa performance spectaculaire lui permet d'atteindre en quelques mois des commissions plus élevées que les représentants les plus expérimentés. Cependant, une mauvaise gestion conduit à la restructuration de l'entreprise et au licenciement de Jacqueline: bonjour le chômage.

C'est alors que commence la deuxième vie de Jacqueline. Au lieu de se résigner à l'inactivité ou aux boulots "cul-de-sac", elle décide de devenir son propre patron. Son entreprise, A Votre Service, rend divers services aux personnes âgées ou dans l'impossibilité de se déplacer. Concentrée au départ sur les quartiers nantais de sa naissance, l'entreprise gagne bientôt toute la ville de Nantes et ses environs, tandis que se développe la gamme de services offerts aux clients: transport, achats, aide auprès des services administratifs, et tout ceci avec l'esprit ouvert qui permet à Jacqueline de répondre aux demandes les plus variées. *«Un de mes clients nous demande régulièrement d'aller faire tailler les griffes de son chien simplement parce qu'il ne supporte pas de le voir subir un tel traitement. Une dame âgée nous demande d'aller chercher sa commande chez le traiteur tous les mercredis car ce jour-là elle reçoit ses amies et refuse*

d'admettre qu'elle n'a plus la force de cuisiner comme avant. Mais dans l'ensemble, il s'agit plutôt d'aider les gens à faire leurs achats ou de les accompagner à certains rendez-vous quand ils ont peur de ne pas comprendre ce qu'on va leur dire ou de ne pas oser poser eux-mêmes les questions nécessaires.»

Depuis la naissance de A Votre Service, Jacqueline a réussi à doubler ses ventes annuelles (ou mieux!) chaque année. Un coup de chance? Loin de là! Armée d'un tempérament prudent mais déterminé, elle s'est imposé 12 mois de recherche et de préparatifs ainsi que 3 mois de formation en gestion avant de démarrer, modestement, dans la chambre d'amis de son petit appartement en location. Grâce à ses maigres économies et à diverses aides à la création d'emploi, elle s'est acheté une nouvelle voiture, s'est équipée en matériel informatique et a pris un salarié à mi-temps. Elle est maintenant à la tête d'une équipe de huit salariés à plein-temps et d'une quinzaine de salariés à mi-temps qui répondent aux besoins d'une clientèle aussi reconnaissante que fidèle: *«Beaucoup font aussi appel à nos services pour rompre leur solitude.»*

BEP = Brevet d'études professionnelles

Travailler sans bouger

1 Le travail à distance – illustré surtout par le télétravail comme dans l'article ci-dessous – s'est développé d'une manière très visible durant les années 90.

A Lisez uniquement le titre de l'article et essayez tous ensemble d'en prédire le contenu (par exemple quelles raisons, quels exemples, quelles opinions, etc.).

B Ecoutez une étudiante qui a fait l'exercice **1A**. Transcrivez intégralement ce qu'elle dit (deux phrases), en mettant la ponctuation où cela semble convenir.

C Lisez l'article rapidement et vérifiez lesquelles de vos prédictions étaient exactes.

2 A Relisez l'article et relevez séparément du vocabulaire thématique et non thématique que vous estimez utile d'apprendre.

B Reformulez ces extraits à votre façon afin de démontrer que vous les comprenez:

   1 lignes 19–21: Son entreprise ... jeune femme.

   2 lignes 38–41: Mais le développement ... à domicile.

   3 ligne 56–58: L'employeur réduira ... ses coûts.

Techniques de travail

Vocabulaire moderne

Certains mots, comme «télétravail», «télésecrétariat» ou «téléphone portable» figurent uniquement dans les dictionnaires les plus complets et les plus récents mais sont d'ordinaire assez faciles à comprendre.

Je, tu, il travaille à distance

«**G**éraldine, j'ai une présentation à effectuer cet après-midi; pouvez-vous mettre en forme ce document de toute urgence? – Bien sûr, monsieur Roux, ce
5 sera fait à 13 heures...»

Conversation professionnelle d'une banalité extrême. A un détail près: M. Roux et Géraldine se trouvent à quelque 300 kilomètres de distance. Le premier, cadre supérieur dans une
10 multinationale, travaille dans une tour de la Défense. La seconde est salariée d'une société de télésecrétariat. Installée dans un petit village de la Meuse, Géraldine a reçu par fax le brouillon du texte. Elle en renverra tout à l'heure une version
15 impeccable, transmise d'un ordinateur à l'autre, en quelques secondes, grâce au réseau téléphonique. M. Roux n'aura plus qu'à imprimer son topo, avant de filer à sa réunion. Son entreprise aura acquitté une somme modique
20 pour les services de la jeune femme: les salaires et le loyers des bureaux sont peu élevés dans ce département lorrain, et la télétransmission coûte un prix dérisoire. Géraldine, elle, rentrera à son domicile en cinq minutes, à pied. Pas de métro, pas
25 d'embouteillages. Elle consacrera la fin de son après-midi au jardinage...

Selon Marie-Pierre Calverac, présidente de la chambre professionnelle des téléservices, quelque 30 000 personnes travailleraient actuellement
30 dans ce type de ministructures: en majorité secrétaires et standardistes, mais aussi traducteurs, dessinateurs industriels, archivistes, documentalistes, comptables... Ces activités, effectuées auparavant à l'intérieur des
35 entreprises, peuvent désormais être réalisées sans difficulté à distance. En banlieue, à la campagne, voire à l'étranger...

3 Traduisez le paragraphe qui commence par
«Mais le développement actuel du télétravail»
(**ligne 38 à ligne 59**).

Techniques de travail

Traductions en anglais   ⟨EXAMEN⟩

Reproduisez le sens très précis du texte
mais n'oubliez pas de traduire en bon
anglais, et donc, si nécessaire, de changer
l'ordre des mots ou d'utiliser des structures
mieux appropriées à l'anglais. Pour vérifier,
lisez votre traduction à haute voix.

4 **A** La fin de l'article – non publiée ici –
mentionne certains inconvénients du
télétravail. A vous d'en suggérer un
maximum, à la fois pour les employés
et pour ceux qui les emploient.

B Ecoutez un employé et une patronne
parler de ce genre d'inconvénients.
Cochez ceux que vous aviez
mentionnés et notez les autres.

C Seuls ou à deux, faites un ou deux
paragraphes afin de résumer ces
inconvénients. N'oubliez pas de faire
une phrase d'introduction.

Techniques de travail

Bien exposer ses idées   ⟨EXAMEN⟩

Plutôt que de vous contenter soit d'idées
générales, soit d'exemples précis, trouvez un
équilibre entre les deux afin de démontrer que
vous êtes capables de synthèse mais que vous
savez illustrer votre réflexion par des arguments
concrets.

Productivité et qualité de vie

Mais le développement actuel du télétravail
concerne aussi les salariés d'entreprises
40 classiques, désormais autorisés à effectuer
une partie de leur mission à domicile. Les
personnels traditionnellement mobiles –
consultants, commerciaux ou réparateurs
en tout genre – sont les premiers touchés
45 par la nouvelle mode. Munis de micro-
ordinateurs et de téléphones portables, ces
«travailleurs nomades» passent de plus en
plus rarement au bureau. Pourquoi venir
chaque jour prendre son planning ou
50 mettre à jour ses dossiers? Il suffit de
connecter son micro au réseau de
l'entreprise. On consulte en quelques
minutes son courrier électronique. On
inscrit ses rendez-vous sur l'agenda de
55 l'entreprise. On imprime, à la demande, les
documents nécessaires... L'employeur réduira

d'autant son parc immobilier et, donc, ses
coûts. Le salarié perdra moins d'heures dans
les transports.

60 Une solution idéale pour concilier
productivité et qualité de vie? Les conditions
d'existence de ces télétravailleurs font rêver
bien des cols blancs. «Les heures gâchées
chaque jour dans les embouteillages en Ile-
65 de-France sont aussi nombreuses que les
heures travaillées dans l'agglomération
lyonnaise. Si 10% seulement des salariés
travaillaient en partie à distance, ces tracas
seraient résolus», s'enflamme Christine
70 Gauthier, secrétaire générale du Catral,
agence pour l'aménagement du temps en
Ile-de-France.

Travailler moins

 1 Travailler à temps partiel est en plein essor. Pourquoi, d'après vous?

A Suggérez oralement un maximum de raisons et notez-les brièvement.

Exemple: *Travailler + continuer études à mi-temps*

B Ecoutez le sondage de rue afin de découvrir des raisons supplémentaires.

Techniques de travail

Mieux écouter ⌈EXAMEN⌉

Certaines questions d'examen ne consistent pas à extraire mot à mot des détails précis mais à comprendre le sens global pour pouvoir, par exemple, résumer un argument ou tirer des conclusions. Pour vous entraîner à éviter la transcription mot à mot, faites uniquement des pauses à la fin de chaque extrait (**activité 1B**).

2 A Réécoutez le sondage de rue (**activité 1**) afin de faire correspondre chaque commentaire à **a–g** ci-dessous.

a Ça coûte moins cher aux employeurs, mais sans que leur personnel puisse en tirer de réels avantages.

b Certains travailleurs préfèrent un système qui leur permette de concilier deux activités différentes.

c Bien qu'on ne puisse pas gagner autant, on peut mieux profiter de la vie.

d Cette personne travaille à temps partiel, non qu'elle en soit satisfaite.

e Il est possible qu'un patron choisisse d'employer à temps partiel pour s'assurer des compétences plus variées parmi son personnel.

f Certains choisissent le temps partiel afin de pouvoir concilier travail et famille.

g Il semble que ça puisse permettre de mettre fin graduellement à sa vie active.

B Justifiez l'emploi du subjonctif ci-dessus, et indiquez pourquoi **f** ne l'emploie pas.

Point langue

Le subjonctif - Rappel ▶▶ *pp144–6*

- Le subjonctif s'emploie essentiellement après certains verbes exprimant le désir, la volonté ou la préférence; après certaines conjonctions; après certaines expressions impersonnelles exprimant par exemple la possibilité.

- L'infinitif s'utilise à la place du subjonctif quand le verbe principal et le verbe qui en dépend ont le même sujet.

Exemple: *J'aimerais qu'il sorte*: subjonctif.
J'aimerais sortir: infinitif.

3 Lisez Point langue, **p16**, puis passez à la **feuille 3**.

Techniques de travail

Apprendre la grammaire

Comprendre et mémoriser, c'est différent! Voici quelques conseils.

- Reformulez les règles avec vos propres mots, oralement ou par écrit, seuls ou à deux, en anglais si vous le désirez.
- Expliquez les règles à quelqu'un qui ne les a pas comprises.
- Recopiez et personnalisez les exemples donnés si vous avez une mémoire très visuelle: stylos de couleur, symboles...
- Apprenez ces exemples par cœur: c'est plus concret.
- Traduisez certains exemples, puis retraduisez-les en français. Recommencez quelques jours plus tard.
- Inventez quelques exemples supplémentaires.
- Révisez la grammaire à intervalles réguliers (faites-vous un planning).
- Apprenez toujours dans la semaine ce que vous éprouvez le besoin de vérifier.

4 À l'aide de l'enregistrement, entraînez-vous à lire les phrases **a–g p16** à haute voix, en répétant à la même vitesse que la cassette.

Point langue

Prononciation

En français, chaque syllabe prononcée se dit à la même vitesse. Comparez par exemple:

the evolution et «l'évolution»
the telephone et «le téléphone»

Note – Que signifie «syllabe prononcée»?

Té-lé-pho-ne: quatre syllabes
Té-lé-phon(e): trois syllabes prononcées

5 La fin des années 90 a vu naître le débat sur «les 35 heures». De quoi s'agit-il?

A Ecoutez les renseignements donnés plusieurs fois si nécessaire (5mn maximum) mais sans interruptions, et notez-en les points principaux.

B Après les corrigés, entraînez-vous 10mn à rapporter ce que vous avez entendu, en donnant un maximum d'information. Vous devrez parler 1mn maximum.

Techniques de travail

Mieux parler (EXAMEN)

Pour pouvoir faire un bon exposé, entraînez-vous à donner un maximum de renseignements en un minimum de temps – mais sur le ton le plus naturel possible.

6 Prenez la **feuille 4** et remettez dans l'ordre les réponses aux questions **1–7** (extraits d'article datant du 10/12/97).

7 A Ecoutez les 12 commentaires sur les 35 heures et prenez des notes. Votre but: vous faire une idée aussi précise que possible des arguments pour et contre.

B Vérifiez que vous comprenez les expressions formelles **1–8** ci-dessous, puis réécoutez les commentaires **1–8** et notez leur équivalent en langue parlée.

1 Il est évident que...

2 De cette manière...

3 Que vont dire les...?

4 Il vaut mieux éviter de...

5 Il suffit d'examiner...

6 Il me semble que...

7 Ce qui semble particulièrement attrayant...

8 Qui plus est...

Mieux communiquer

Présenter un argument: registres écrit et parlé

La langue parlée emploie des expressions moins formelles que la langue écrite. Pour pouvoir faire la distinction, sachez que ce phénomène existe dans toutes les langues. Traduire une expression française dans votre propre langue peut donc vous aider à décider si elle est mieux adaptée à la parole ou à l'écrit.

8 Lisez *Royaume-Uni: 35 heures? Shocking!* **p19** et cherchez-y des opinions supplémentaires au sujet des 35 heures.

Techniques de travail

Mieux lire (EXAMEN)

Il vous faut réussir à comprendre le sens réel d'un point exposé assez longuement (**voir Mieux écouter p10**). Pour vérifier que vous avez réellement compris les points principaux d'un article, entraînez-vous à les résumer en peu de mots.

9 Faites un débat à deux ou plus. La moitié d'entre vous prétend être en faveur des 35 heures et les autres contre.

Techniques de travail

Se préparer pour un débat

Comme pour la cuisine, les préparatifs sont la clé de tout!

● Seuls ou avec tous ceux qui sont sensés soutenir la même opinion que vous, revoyez les arguments rencontrés dans les activités précédentes.

● Entraînez-vous à les formuler par phrases complètes.

Royaume – Uni: 35 heures? Shocking!

Etrange pays où la durée du travail se négocie entre l'employeur et le salarié. Au coup par coup.

Faut-il s'en étonner? Sur la question des 35 heures aussi, le Royaume-Uni pratique un splendide isolement. Chez les employeurs comme chez les syndicats, au Labour comme chez les conservateurs, le constat est unanime: le débat sur la réduction du temps de travail ne se pose pas dans les mêmes termes qu'en France. Trois facteurs expliquent le consensus actuel pour ne pas poser la question des 35 heures comme un remède au chômage.

➤ Traditionnellement, l'Etat, au Royaume-Uni, n'intervient pas en légiférant sur la durée du travail. C'est le seul pays européen (avec l'Italie) où il n'y a pas de droit reconnu par la loi à des congés payés ni de durée légale du travail (hors des exceptions liées à des questions de sécurité: chauffeurs de camions, etc.). C'est la loi du contrat personnel que gère les employés britanniques: un accord qui peut relever d'une négociation collective ou d'une simple entente entre l'employeur et le salarié. L'application promise par Tony Blair de la directive européenne adoptée en 1993 sur l'aménagement du temps de travail devrait bouleverser cette construction juridique. Parmi les innovations les plus remarquables, le texte européen impose un seuil maximal de 48 heures de travail par semaine (avec des dérogations, parmi lesquelles la durée du travail des cadres en forte augmentation depuis dix ans pourtant); quatre semaines de congés annuels au minimum; une période minimale de repos d'une journée par semaine, etc. A vrai dire, ces dispositions figurent déjà couramment, pour la plupart, dans les contrats d'embauche britanniques. A quelques exceptions près: par exemple, un employé à temps partiel sur trois ne bénéficie pas de congés payés. Et, chez les ouvriers, ils sont 29% à travailler plus de 48 heures par semaine pour compenser des salaires horaires jugés trop faibles.

«Notre débat ne porte pas sur la réduction du temps de travail, mais sur les moyens de limiter les excès de travail, résume David Coats, au Trade Union Congress, la fédération syndicale. Les syndicats français et allemands voient dans la réduction du travail un gage de solidarité, quand nous insistons surtout sur la qualité de la vie.»

➤ Deuxième élément, une foi vibrante en... la croissance. «C'est la meilleure solution pour créer des emplois», indique-t-on partout.

«Partager le travail, c'est croire qu'il y en a une quantité fixe, note David Coats. Absurde! » «Le nouveau gouvernement poursuit la stratégie de dérégulation favorable aux employeurs, se réjouit Jonathan Edwards, expert pour les ressources humaines à la Confédération de l'industrie britannique (CBI). Les syndicats savent que des demandes irréalistes sont contraires aux intérêts à long terme.»

➤ Le taux de chômage, enfin. En baisse constante, il est aujourd'hui légèrement supérieur à 6% et devrait continuer à diminuer dans les prochains mois.

«Le vrai problème n'est plus le chômage, confie Paul Gregg, responsable de programme à la London School of Economics et nouveau conseiller du chancelier de l'Echiquier, mais la réinsertion des familles exclues, durablement déconnectées du marché du travail.»

Jean-Michel Demetz

Bilan

● Entre autres choses, vous devriez maintenant:
  - pouvoir mieux vous exprimer sur l'évolution de l'emploi en France
  - mieux maîtriser les techniques d'écoute
  - avoir consolidé votre maîtrise du subjonctif et des pronoms relatifs
  - avoir consolidé vos méthodes d'apprentissage de la grammaire.

Si vous êtes satisfaits de vos progrès, passez immédiatement aux activités ci-dessous. Sinon, voici quelques suggestions:

  - Relisez les faits que vous avez accumulés sur chaque aspect de cette Unité et recopiez les points clé séparément, en demandant à emprunter les transcriptions d'enregistrements si nécessaire. Ceci vous permettra de vous faire une image plus concrète de la situation.
  - N'oubliez pas de pratiquer à intervalles réguliers les méthodes d'écoute suggérées **pp10–11**.
  - Faites des phrases contenant «ce qui/que/dont» (voir **p12**) au sujet d'un autre sous-thème de cette Unité. Variez les verbes au maximum.
  - Faites des phrases au subjonctif (voir **pp16–7 + feuille 2**), mais sur un autre sous-thème de cette Unité.
  - Mettez en pratique les méthodes suggérées **p17** sur l'apprentissage de la grammaire.

A **Travail écrit** – Démontrez par des exemples concrets de quelle manière le monde du travail s'est transformé en France, et pour quelles raisons.

Techniques de travail

Travail écrit   (EXAMEN)

Suivant l'examen que vous passerez, certaines questions exigeront des faits et des opinions, tandis que d'autres viseront uniquement à évaluer vos connaissances (+ la qualité de la langue, bien entendu). Lisez donc bien la question: que vous demande-t-on ici?

B **Travail oral** – Par petits groupes ou en tête à tête avec votre professeur, exprimez vos réactions aux changements que vous avez exposés ci-dessus (**activité A**). Expliquez également vers quelle voie, selon vous, il faudrait s'orienter à l'avenir. Vous pouvez, si vous le désirez, établir certaines comparaisons avec la situation dans votre propre pays.

Techniques de travail

Se préparer pour l'oral   (EXAMEN)

Ce travail demande un certain niveau de préparation. Révisez les faits que vous avez rencontrés, préparez de brèves notes pour vous guider, cherchez des éléments d'information supplémentaires (par exemple sur votre propre pays) et donnez-vous le temps de vous faire une opinion personnelle sur la question, en en parlant autour de vous si ça peut vous aider.

Un avenir pour tous?

Sujets traités	Points langue	Mieux communiquer	Techniques de travail
Chômage et faux emplois **Banlieues et jeune délinquance**	**Le conditionnel passé** **L'infinitif passé** **Révision**	**Mots-charnières: recyclage et consolidation**	**Mieux parler** **Registre relâché à l'écoute** **Exploiter un texte anglais**

Le chômage 25 ans après

1 Essayez de deviner les réponses **1–8** sur le chômage en France.

1 Dans les années 90, la France a été plus/moins touchée par le chômage que la Grande-Bretagne.

2 La tranche d'âge la plus touchée a été les 15–20 ans/les 20–24 ans/les 25–50 ans/les 50 ans et plus.

3 Le chômage a commencé à baisser vers le début/la fin des années 90.

4 En 1998, le chômage touchait plus/moins de 10% de la population active.

5 Entre 1960 et 1985, le nombre des chômeurs a été multiplié par 2/3/5/10.

6 En 1998, un actif non fonctionnaire (donc sans garantie d'emploi) sur 4/6/8/10/12 a connu le chômage.

7 Un/trois/cinq millions de fonctionnaires bénéficient de la garantie de l'emploi.

8 En 1998, dans l'Union européenne, le Luxembourg enregistrait le taux de chômage le plus bas. La France, elle, arrivait en 6e/8e/10e/12e/dernière position.

Point langue

Révision

Profitez de cette activité, basée sur le quiz, pour réviser à l'aide des références données.

1 Relevez une préposition suivie d'un nom sans article. ►► 2b, **pp 121–2**

2 Relevez un verbe suivi de la préposition «à» + infinitif. ►► 13c, **p 134**

3 Relevez un verbe suivi de la préposition «de» + nom. ►► 10f **p 131**

4 Justifiez la différence de temps entre **3** et **4**. ►► 19 et 20 **pp 140–1**

5 Relevez les deux verbes au passif. ►► le passif **p 144**

6 Faites-vous bien la distinction entre la préposition «vers» (voir **3**) et l'adverbe «environ»? ►► dictionnaire.

7 Faites-vous bien la distinction entre «moins de» (voir **4**) et «moins que»? ►► dictionnaire.

2 Sans dictionnaire, faites une lecture rapide des extraits ci-dessous afin d'identifier les réponses au quiz **p21**. Les extraits ne suivent pas la chronologie du quiz.

1 Tandis que le Royaume-Uni a réussi à redresser sa position économique de manière plutôt enviable, la France, pendant longtemps, s'est trouvée dans l'incapacité de surmonter le malaise du chômage.

2 Le nombre des chômeurs a été multiplié par 10 entre 1960 et 1985. Le cap des 500 000 chômeurs, atteint au début des années 70, fut considéré à l'époque comme un seuil alarmant. Il s'est développé de façon sensible à partir de 1974, dépassant en 1976 le seuil symbolique du million. Le mal gagnait encore pour toucher 1,5 million de travailleurs au début de 1981, puis 2 millions en 1983. Le cap des 3 millions était franchi officiellement en 1993.

3 *Le nombre des chômeurs a poursuivi sa progression depuis le début des années 90. Il s'établissait à 3 050 000 demandeurs d'emploi en mars 1998, soit un actif sur huit. Les effectifs salariés ont diminué dans toutes les branches d'activité industrielle, notamment l'automobile et les biens d'équipement. Entre 1980 et 1996, l'industrie manufacturière a perdu environ le quart de ses effectifs. (...) Le bâtiment a été aussi durement touché. Le tertiaire est le seul secteur dont les effectifs ont augmenté.*

4 Tandis qu'environ un actif sur onze a connu le chômage en 1998, le chiffre s'élève à un actif sur six si l'on exclut du nombre total d'actifs les 5 millions de fonctionnaires qui bénéficient de la garantie de l'emploi.

5

La France à la traîne

Taux de chômage dans les pays de l'Union européenne, aux États-Unis et au Japon (mars 1998, en % de la population active) :

Luxembourg	2,3
Japon	3,8
Autriche	4,4
Pays-Bas	4,6
États-Unis	4,7
Danemark	4,9
Royaume-Uni	6,5
Portugal	6,6
Suède	8,7
Belgique	9,0
Irlande	9,5
Allemagne	10,0
Italie	12,0
FRANCE	12,1
Grèce	12,5
Finlande	12,9
Espagne	19,5

* Taux standardisés.

6 Le nombre réel d'actifs sans emploi est d'environ 5 millions. Le chiffre officiel du chômage ne recouvre que les chômeurs à la recherche d'un emploi à plein temps et habitant la métropole. Il faudrait y ajouter plusieurs catégories de personnes sans activité au sens traditionnel: chômeurs des régions d'outre-mer non recensés; personnes dans l'incapacité de trouver un emploi (maladies, handicaps...); personnes souhaitant trouver un emploi à temps partiel ou à durée déterminée...

7 En mars 1998, le taux de chômage des 15–24 ans était de 25,4%, soit plus du double de la moyenne nationale. Ce chiffre n'est cependant pas totalement représentatif dans la mesure où il ne tient pas compte du fait que la moitié des jeunes contenus dans cette tranche d'âge sont encore scolarisés. Ainsi, étant donné que le taux de scolarisation est de 60% parmi les 18–24 ans, le taux réel du chômage n'est que de 2% chez les 15–20 ans, mais de 14% chez les 20–24 ans.

8 La reprise économique tant attendue est apparente en France depuis la fin 1997. Au cours de l'année, 130 000 emplois ont été créés, contre une perte de 14 000 en 1996.

3 Faites maintenant une lecture plus détaillée.
Les chiffres entre parenthèses se rapportent aux extraits ci-contre.

A Traduisez ces mots et expressions.

  1 tandis que (**1**)

  2 à partir de (**2**)

  3 soit (**3**)

  4 notamment (**3**)

  5 dans la mesure où (**7**)

  6 étant donné que (**7**)

  7 ainsi (**7**)

B Traduisez **1–8** en français en vous aidant uniquement du contexte.

  1 to redress (**1**)

  2 noticeably (**2**)

  3 wage earners (**3**)

  4 consumer goods (**3**)

  5 the building industry (**3**)

  6 overseas (**5**)

  7 listed, recorded (**5**)

  8 at school (**6**)

C Traduisez l'extrait **6**.

Mieux communiquer

Mots de liaison

Les mots de liaison (**activité 3A**) sont essentiels pour améliorer votre style et mieux exprimer votre pensée. Pour mieux les apprendre ou les réviser, faites régulièrement des regroupements par catégories: contraste, exemplification, fréquence, cause, conséquence, etc.

4 A la fin des années 90, le chômage a enfin commencé à baisser.

A Notez pour quelles raisons à l'aide de l'interview enregistrée, mais essayez d'abord de deviner grâce aux connaissances acquises dans l'Unité 1.

B Résumez les raisons notées en un paragraphe de 100 mots maximum.

C Evaluez vos paragraphes respectifs à deux (contenu + qualité et variété de la langue).

Emplois précaires...

1 Remplissez les blancs dans l'article sur la précarité de l'emploi, de préférence sans dictionnaire (**feuille 1A**). Les mots suggérés peuvent être utilisés plusieurs fois ou rejetés.

2 L'entrée dans la vie professionnelle n'a pas été facile pour Anthony.

A Ecoutez-le afin de répondre aux questions suivantes.

1. Anthony a fait des études ... (adjectif).
2. Il a commencé à chercher du travail après ... (+ structure verbale)
3. Après deux semaines, l'entreprise a promis (+ que/de ...)
4. Comme emploi, pour septembre, Anthony ... (verbe: s'attendre)
5. Un CDD est un ..., tandis qu'un CDI ...
6. Côté conditions de travail, pour septembre, Anthony espérait ...
7. Le dernier jour, l'entreprise a annoncé ...
8. La raison pour laquelle les entreprises ne créent pas plus d'emplois, c'est que ...

B Ecoutez ces extraits d'interview et transcrivez-les en bon français.

Exemple

🔊 1 Toi aussi, t'as eu des difficultés?

▶ Toi aussi, tu as eu des difficultés?

Techniques de travail

Registres parlés

La langue parlée a des registres plus ou moins formels qui dépendent du contexte ou de la personne à qui on parle. Ces registres se reflètent dans le vocabulaire, la structure des phrases ou la manière d'articuler. Ci-dessus, Anthony emploie un registre assez relâché. Le contexte, bien sûr, peut aider à mieux comprendre.

Autres exemples fréquents:

T'y vas? ▶ Tu y vas?

Y'a qu'à... ▶ Il n'y a qu'à

Pass' que ▶ Parce que

Qu'est-ce qu'i fait? ▶ Qu'est-ce qu'il fait?

Ch'trouve rien ▶ Je ne trouve rien

J'vais prend'e le bus ▶ Je vais prendre le bus

Point langue

Le conditionnel passé ▶▶ *pp 138*

Anthony nous dit...

> **J'aurais pu** me plaindre...

> **J'aurais préféré** travailler...

> **J'aurais aimé** prendre des vacances...

- Quelle est la différence entre «j'aimerais...», «je préférerais...» et «je pourrais...»?

  J'aimerais...: conditionnel présent (*I would like...*)

  J'aurais aimé...: conditionnel passé (*I would have liked...*)

- Formation du conditionnel passé: avoir (ou être) + participe passé.

- Le conditionnel passé s'emploie parfois dans des phrases contenant «si» + plus-que-parfait:

  Si j'avais su, je serais resté(e) ici. *If I had known, I would have stayed here.*

3 **A** Remplissez les blancs avec des verbes au conditionnel passé (**feuille 1B**).

B Faites les corrigés

– à l'aide de l'enregistrement

– en vérifiant l'orthographe des formes verbales à deux.

4 Imaginez que vous êtes Anthony et que, dans un cabinet de recrutement, on vous demande d'expliquer ce qui vous est arrivé.

Techniques de travail

Mieux parler

● Vous pouvez consulter la transcription de l'**activité 2** afin de vous préparer, mais essayez de parler sans notes.

● Vous êtes dans un contexte professionnel, donc adoptez un registre assez formel.

● Enregistrez-vous, puis écoutez-vous ou demandez l'aide d'un(e) partenaire. Objectif: évaluer votre performance. Critères suggérés:

– contenu: renseignements exacts? suffisants?

– qualité de la langue;

– variété des structures et du vocabulaire;

– intonation, prononciation, hésitations.

5 **A** Discussion de groupe: d'après vous, Anthony a-t-il souffert une injustice, ou a-t-il simplement été confronté à la réalité de la vie professionnelle?

B Imaginez que vous êtes l'employeur qui n'a pas tenu sa promesse envers Anthony et justifiez-vous. En plus des charges sociales, vous pouvez imaginer d'autres arguments, par exemple:

– le fait qu'aucun contrat n'avait été signé;

– les clients qui décommandent;

– les compétences d'Anthony.

6 **A** Lisez l'article sur Emmanuelle et expliquez les expressions suivantes avec vos propres mots, afin de montrer que vous en comprenez le sens.

1 un «stage photocopieuse»

2 payer la cantine de ma poche

3 j'ai récidivé

4 le système est bien rodé

5 heureusement qu'il y a les parents

6 derrière

7 tu te fais avoir

B Lisez l'article sur Gabriel et discutez des différences et similitudes entre les deux expériences.

Gabriel
23 ans, diplômé de Sciences-Po
«Je ne vois pas où est la formation»

Je ne suis pas à plaindre. J'ai fait un stage de trois mois dans un grand cabinet d'audit, payé 8 000 francs par mois. Mais en fait le stage s'apparente à un véritable emploi. Pour être accepté dans la boîte, il faut passer trois entretiens, comme pour un recrutement. On est envoyé illico en mission auprès des clients et on fait exactement le même travail qu'un jeune salarié. Sauf qu'on leur coûte beaucoup moins cher. Les soirées devant l'ordinateur, les week-ends gâchés, je m'en souviens. Et tous les stagiaires sont soumis au même rythme. Ils l'acceptent dans l'espoir d'être embauchés. Ensuite j'ai postulé pour un stage dans une banque. Je voulais avoir une expérience dans ce secteur. Le responsable du recrutement m'a appelé trois fois pour que j'accepte l'offre. Il cherchait quelqu'un pour remplacer une employée partie en congé de maternité. Un jeune stagiaire corvéable à merci payé 3 000 francs brut par mois, c'est tout bénef. Ils ont raison, faut pas s'en priver!

Emmanuelle
24 ans
«L'exploitation, même dans les ministères»

Après ma maîtrise de droit, j'ai fait un stage de deux mois au ministère des Affaires étrangères. C'était vraiment pas un «stage photocopieuse», j'étais en charge d'une mission précise. Je n'ai reçu aucune indemnisation, je devais payer la cantine de ma poche. Avec le badge de stagiaire, le repas ne coûtait que 12 francs, mais tout de même. J'ai récidivé en 1996: six mois supplémentaires à l'AFA (Association française de l'Action artistique), une association qui dépend du ministère. CDD renouvelés plusieurs fois, utilisation maximale de stagiaires, le système est bien rodé. Au moins, ils ont l'honnêteté de dire qu'ils ne peuvent pas faire autrement. Avec 1 500 francs mensuels, heureusement qu'il y a les parents derrière. Tu es content, tu fais un boulot intéressant, tu rencontres des gens, tu remplis ton CV et puis y a un moment où tu te dis: «Ma pauvre fille, tu te fais avoir.» Je suis partie. Les stages, c'est fini. Enfin presque. J'ai réussi à dégoter un piston pour un stage dans une entreprise de luxe. Peut-être qu'ils seront plus généreux?

maîtrise de droit:	*MA in law*	postuler pour:	*to apply for*
roder:	*to run in* (véhicule)	corvéable:	*who can do menial tasks*
dégoter:	*to find* (fam)	bénef:	*abbreviation for* bénéfice
la boîte:	*the firm* (fam)		

7 **A** Après avoir lu l'article **p27** vite et sans dictionnaire, discutez de son contenu à plusieurs afin d'en élucider le thème d'ensemble.

B Écoutez les phrases enregistrées, basées sur l'article: vrai, faux ou possible?

Les exploités du quatre-étoiles

C'est une première qui pourrait faire jurisprudence. Le 23 mars, le tribunal de grande instance de Paris a condamné lourdement la société des Hôtels Concorde, qui gère quelques-uns des plus grands palaces français, pour emploi abusif de stagiaires au Concorde-Lafayette et au Crillon. Si le jugement est confirmé en appel, le groupe, propriété de la famille Taittinger, devra payer plus de 500 000 francs d'amende pour «exécution de travail dissimulé».

A l'origine de ce jugement, l'enquête patiente de deux inspectrices du travail, Annie Vaudoiset et Catherine Bouthors. Leur méthode pourrait donner des sueurs froides aux employeurs indélicats de stagiaires. Fin août 1997, alertées par les syndicats, les deux inspectrices débarquent à l'improviste dans l'immense et très luxueux hôtel Concorde-Lafayette. La balade qu'elles font dans les couloirs du quatre-étoiles est édifiante: stagiaires à tous les étages. Toute la difficulté consiste à prouver que ces jeunes exécutent un travail parfaitement identique à celui des salariés de l'hôtel.

Venus chercher un complément de formation pratique, ils sont en réalité astreints aux mêmes tâches que leurs «collègues». Les plannings du personnel affichés dans chaque service en attestent: leurs noms y figurent, au même titre que ceux des salariés permanents. Dans les étages, des jeunes filles font office de femmes de chambre. Au Top Club, où l'on s'occupe des VIP, point de salariés, mais trois jeunes sous convention. Même chose au restaurant, où cette main-d'oeuvre malléable assure la moitié du service en salle.

Quand les inspectrices demandent aux stagiaires qui est leur maître de stage, censé les encadrer et les former, les jeunes répondent le plus souvent qu'ils n'en ont aucune idée. Quand elles les interrogent sur leur rémunération, la réponse est moins vague: les «rétributions» vont de 500 à 2 000 francs. Par mois, évidemment. Dans ce même hôtel, la nuit est facturée en moyenne 2 400 francs au client.

Annie Vaudoiset et Catherine Bouthors établissent ensuite que sur une période de treize mois le taux moyen de stagiaires et d'apprentis par rapport aux titulaires de CDI a atteint 25%. Elles en déduisent, assez logiquement, que l'encadrement des jeunes n'a pas pu être effectué dans des conditions satisfaisantes.

En creusant encore, elles découvrent que, pendant les vacances, le nombre de personnes embauchées en contrat à durée déterminée assure un équivalent de 257 jours travaillés. Score largement insuffisant pour couvrir les absences des salariés en congés (correspondant, elles, à ... 9 602 jours de travail). Comme l'hôtel – pleine saison oblige – tourne en régime maximum, la différence est comblée par les stagiaires.

Autant d'indices qui ont convaincu les juges que ces stagiaires effectuaient en réalité un véritable travail professionnel. «La formation n'est pas la finalité exclusive de la présence des stagiaires, ont-ils constaté, ce qui constitue un dévoiement caractérisé des conventions de stage dont la mise en application pratique de l'enseignement donné à l'école aurait dû être l'objectif unique.» Et de souligner que, pour le Concorde-Lafayette, «le recours aux stagiaires constitue un mode structurel de gestion des ressources humaines». En requalifiant ainsi le statut de ces stagiaires, le tribunal a pu conclure à l'«exécution de travail dissimulé» et sanctionner le groupe.

D'autant que deux autres inspectrices du travail avaient cité une affaire survenue cette fois au Crillon, autre fleuron du groupe Concorde: lors d'une grève des employés du palace, la direction avait tout naturellement fait appel à des stagiaires pour remplacer les grévistes. Si jeunes et déjà jaunes... Malgré eux.

---

8 Seuls ou à plusieurs, résumez l'article ci-dessus en français (100 mots maximum) à l'aide des notes suivantes. Votre professeur vous montrera ensuite un modèle.

- Société hôtelière condamnée
- Stagiaires: conditions de travail
- Stagiaires/salariés
- Enquête hôtel Lafayette
- Le Crillon

No future dans les banlieues?

1 A Réécrivez l'extrait de chanson ci-dessous en éliminant les abréviations de la langue parlée familière ou argotique.

> J' m'appelle Slimane et j'ai quinze ans
>
> J' vis chez mes vieux à la Courneuve
>
> J'ai mon CAP d'délinquant
>
> J' suis pas un nul, j'ai fait mes preuves
>
> Dans la bande c'est moi qu' est l' plus grand
>
> Su' l' bras j'ai tatoué une couleuvre.

B Comment imaginez-vous la Courneuve? Que signifie «J'ai mon CAP de délinquant»? Comment imaginez-vous Slimane (son look, sa vie, son avenir…)?

C Si vous le souhaitez, écoutez la chanson (**feuille 2**) et faites quelques recherches sur le chanteur Renaud.

2 Cherchez dans l'article **p28** des synonymes pour les expressions **1–6**.

1 les municipalités ont été obligées d'agir
2 étant donné la natalité
3 n'ont pas du tout contribué à résoudre le problème
4 étant donné l'énormité de cette activité
5 a continué à s'étendre
6 exprimer leur mal de vivre

Techniques de travail

Lecture EXAMEN

Ne relevez pas d'extraits plus longs qu'il n'est nécessaire, ou vous serez pénalisés.

Petit historique des banlieues

La banlieue est née de l'explosion urbaine. Après s'être étendue aux faubourgs bourgeois du XIXe siècle puis aux pavillons individuels de la proche banlieue, la ville des années 60 a vu apparaître les grands ensembles: bonjour les années-béton!

La ville n'a guère eu le choix. En février 1954, devant la prolifération des bidonvilles et devant les 2 000 personnes ou plus qui couchaient dans les rues de Paris, le gouvernement s'est trouvé dans l'obligation d'agir. Mais vu le taux de naissances, l'exode rural, la reprise de l'immigration due au plein emploi, le nombre de vieux logements inutilisables et, à un moindre degré, les destructions de guerre, les 175 000 logements construits à la hâte cette année-là n'ont en rien amélioré la situation.

En 1958, le gouvernement pensait avoir trouvé la solution en instituant les ZUP – zones à urbaniser en priorité – construites sur de grands terrains bon marché en bordure des villes. Malgré l'objectif de départ de 500 logements maximum par ZUP, le chiffre, dans certains cas, a dépassé les 16 000 logements. De plus, vu l'ampleur de la tâche, les villes se sont peu préoccupées d'architecture et d'urbanisme et ont misé sur la vitesse plus que sur la qualité.

3 **A** Inventez cinq à huit questions à inversions basées sur l'article, en prenant soin d'utiliser une variété de structures différentes.

B Lisez l'article une dernière fois si nécessaire avant de répondre de mémoire aux questions de votre partenaire et de poser les vôtres.

pp141

Point langue

L'infinitif passé

Traduisez les expressions suivantes – tirées de l'article **p28**.

1 Après s'être étendue (...) XIXe siècle (**paragraphe 1**).

2 le gouvernement (...) solution (**paragraphe 3**)

3 fière d'avoir (...) chaque année (**paragraphe 4**)

4 des jeunes (...) malaise (**paragraphe 5**)

5 à tel point (...) du problème (**paragraphe 5**)

Ces expressions, qui se traduisent par des structures différentes en français, contiennent chacune un verbe à l'infinitif passé.

Formation et usage: voir **p141**.

4 Pour pratiquer l'emploi de l'infinitif passé, passez à la **feuille 3**.

5 Ecoutez l'interview de la sociologue qui répond à la question posée à la fin de l'article, et relevez les raisons qu'elle donne sous forme de notes.

Techniques de travail

Prendre des notes

Soyez bref mais précis. Par exemple, «logements mal construits» est préférable à «construction des logements» ou «mauvais logements».

Dans les années 60, fière d'avoir réussi à construire plus de 500 000 logements chaque année, la ville a repoussé toujours plus loin ses limites: croissance à la fois verticale et horizontale, qui a fini par englober certaines communautés rurales.

Ce n'est que lorsqu'elles ont commencé à exploser, vers le début des années 80, que les Français ont réellement pris conscience des banlieues en tant que phénomène. Avec peut-être pour point de départ « l'été chaud des Minguettes». En 1981, dans cette cité de 35 000 habitants construite trop hâtivement à l'extérieur de Lyon, des jeunes ont tout cassé, sans avoir réussi à trouver d'autre moyen de faire entendre leur malaise. La contagion s'est peu à peu étendue, à tel point qu'en 1990, après avoir pris conscience de l'ampleur du problème, le gouvernement a créé un ministère de la Ville.

Mais comment expliquer ce coup de colère des banlieues?

6 Vous avez 20mn pour lire l'article ci-dessous et vous préparer à expliquer ce qui s'est passé oralement, en français.

Techniques de travail

Exploiter un texte anglais

● Relevez les faits principaux.

● Décidez dans quel ordre les présenter.

● Commencez par le thème d'ensemble: «Il s'agit de...».

● Cherchez le vocabulaire nécessaire.

● Entraînez-vous à parler par phrases complètes.

Free-holiday TGV thugs spread terror in French resorts.

by **Kirsty Lang** Paris

It started as an innocent, moonlit holiday romance. Susan, a 20 year-old Dutch girl, had been dancing all night in the French seaside disco with a young Parisian man. In the early hours of the morning, the pair stumbled out onto the dark beach at the Atlantic resort town of Les Sables d'Olonne and embraced on the sand, unaware that they were being watched by a gang of drunken teenage youths.

The couple's embrace was brutally interrupted by an attack in which Susan was subjected to a horrifying gang rape by the teenagers, who had been staying at a campsite nearby.

The assault was awful enough. But the French public's indignation was fuelled further by the discovery that the attackers' holiday had been subsidised by taxpayers under a scheme designed to help youngsters from deprived families enjoy an "activity and sports holiday by the sea".

Two nights later, a young man was stabbed to death outside a beachfront discotheque in the resort of La Grande-Motte, near Marseilles, after a fight between rival gangs from the same rough Parisian suburb. The revelation that these gangs were also enjoying sun, sea and sand courtesy of the French state has provoked a bitter debate over the future of the free holiday scheme for so-called "TGV thugs" – named after the high-speed trains that transport them there from Paris.

Almost 1m French youths from urban areas enjoy free holidays under the Ville-Vie-Vacances programme, which costs the state about £8m a year. Started by François Mitterrand, the former French president, after a spate of summer riots in the early 1980s, it has become increasingly condemned as a club for juvenile delinquents.

"In all Parisian housing estates today it has become a must among the young to go skiing in the winter and to the beach in the summer," said a Parisian youth worker. "They expect it."

At the same time, statistics show that teenagers are turning to crime at an ever earlier age: in the past 10 years, crimes committed by minors aged 13 or under have risen by 57%.

The authorities are searching for ways to solve the problem. The mayors of six French towns recently called for the introduction of police powers to enforce curfews on young people found on the street after midnight. The radical suggestion was condemned as an "attack on civil liberties" by the new Socialist government.

Town administrators are getting desperate. Last week Pierre Cardo, the mayor of Chanteloup-les-Vignes, a Parisian dormitory town, called for the parents of juvenile delinquents to have their benefits cut. Cardo was supported by Jean-Claude Mignon, a mayor in the same region, who suggested a "welfare permit" similar to a driving licence under which parents lose points and benefits each time a child breaks the law.

"The government's response to rising youth crime has been to suggest more civic education in schools," said Cardo. "Imagine a child who for the past four years has been breaking into cars and stealing radios with impunity because he's under 13. Do you think he'll stop because he gets a civic education class once a week in school?"

Cardo also thinks that night-time curfews for children are ineffective. "Why should the state take complete responsibility for disciplining these kids? Politicians and civil servants should not have to play nanny," he said.

"And parents must be made aware of their proper responsibilities. We must show them that their actions will have a direct consequence on their wallets."

7 Pour plus d'activités de lecture et d'écoute sur le malaise des banlieues, passez à la **feuille 4**.

8 Thème de discussion: «Votre pays connaît-il un phénomène comparable au phénomène des banlieues françaises?» Préparez-vous à donner des exemples précis, à décrire comment s'est manifesté ce phénomène, à dire s'il vous semble être issu des mêmes causes qu'en France et à expliquer dans quel sens la situation vous semble avoir évolué ces dernières années.

Techniques de travail

Mieux parler

EXAMEN

- Participer à une discussion
  - A l'aide de votre professeur, faites le point sur les techniques utiles pour parler à partir de notes et pour participer à un débat ou à une interview.
  - Utilisez un registre approprié (plutôt formel pour un oral d'examen).
  - Ne soyez pas trop dépendants de vos notes et n'oubliez pas le contact visuel.
  - En pratiquant, enregistrez-vous et réécoutez-vous pour pouvoir juger, par exemple, de votre accent ou de votre spontanéité.
- Compétences linguistiques
  - A l'aide de votre professeur, faites le point sur l'intonation, les liaisons, les mots de liaison et les techniques de comparaison.
  - Evitez les répétitions et le vocabulaire trop général. Par exemple, remplacez «je pense que» ou «à mon avis» par «il me semble que», «j'estime que», «je dirais plutôt que», «je constate que», «ne trouvez-vous pas que...?», «ce que je vois, c'est que...», etc.
  - On fait des phrases plus courtes à l'oral, mais variez les structures.
- Culture et société
  - Montrez vos connaissances sur la France (ou les pays francophones) si possible en comparaison avec votre pays.
  - Ne perdez pas votre temps à apprendre des chiffres précis. Des expressions comme «plus d'un tiers» ou «la vaste majorité», sont généralement suffisantes.
  - Dans le cas de problèmes sociaux, etc., on ne vous demande pas d'avoir «la» solution! L'important est de connaître les faits, de savoir parler des causes et des conséquences, de savoir donner et justifier votre opinion et de faire quelques suggestions.

9 Inspirez-vous de la discussion ci-dessus pour résumer votre pensée en 150 mots maximum. Comme contexte, imaginez par exemple que vous répondez à un article en français sur les banlieues françaises et la jeune délinquance.

Aujourd'hui, l'espoir

A Ecoutez l'interview une fois, sans interruptions: quel est le thème d'ensemble?

B Réécoutez-la afin de répondre aux questions **1-6** par écrit.

    1 Qu'est-ce qui déplaît à Richard dans l'image des jeunes en banlieue? (Le fait que...)

    2 Selon Fatima, qu'est-ce qui est responsable de cette image? (Le fait que...)

    3 Pourquoi Richard est-il sceptique envers les politiciens? (Parce que...)

    4 Quel impact ont le sport et la musique en banlieue? (Ils aident...)

    5 Que font les réseaux d'insertion? (Ils aident...)

    6 Pourquoi les maires et le secteur privé contribuent-ils maintenant à l'effort d'insertion? (Parce que...)

C Préparez-vous à expliquer oralement, sans notes, ce que nous disent Richard et Fatima sur les «petits réseaux» et sur l'effort en matière d'environnement.

2 A plusieurs, remettez les sept sections de l'article ci-dessous dans l'ordre chronologique.

«Salarié, je voulais monter mon affaire»

1 La fatigue, le sentiment d'être exploité, et une dispute éclate... Abdelkader est licencié.

2 Sa clientèle est composée de familles d'origine malienne, sénégalaise ou chinoise, séduites par le prix et la fraîcheur des produits, affrétés du Sénégal par avion deux fois par semaine.

3 Aujourd'hui, son chiffre d'affaires approche les 40 000F par mois. «Il faut être patient. Ma clientèle est difficile à conquérir mais très fidèle ensuite.»

4 Dakatine, mérou-tchofe, talaké, guédjé-beur, gombos... sont quelques-uns des nombreux produits alimentaires africains que propose Abdelkader Redissi sur les marchés d'Ile-de-France.

5 Retour en arrière: octobre 1996, Abdelkader est déjà vendeur de produits africains. Salarié à 5 000F par mois, il travaille souvent treize heures par jour, y compris la nuit.

6 Il décide alors de devenir son propre patron. Il se passe d'étude de marché et cherche des soutiens financiers. Un an plus tard, sa sœur et sa banque, le Cetelem, lui ayant fait confiance, il se lance, achète un premier stock de marchandises et un camion.

7 «Je vends surtout du poisson congelé ou séché, du riz et des légumes frais», précise cet entrepreneur qui s'est lancé en janvier 1998.

3 En 1999, une bagarre mortelle entre adolescents de banlieue conduit à la naissance de l'association «Stop la violence».

A Ecoutez et transcrivez les sept questions enregistrées.

B Lisez les extraits ci-dessous. Votre objectif: pouvoir ensuite répondre aux questions avec vos propres mots, sans le support de l'article.

STOP
LA VIOLENCE

(...) Pour la presse du lendemain, pour les télés et les radios impatientes, le fait divers est classique: «Règlement de comptes entre bandes de banlieues», Samba, agressé par Stéphane, s'est défendu. Voilà tout. L'histoire entre dans les clichés, la victime était aussi coupable, tout va bien. Sauf pour les jeunes de Bouffemont. Ecœurés, choqués, ils veulent réagir. Violemment d'abord: on parle d'une expédition pour aller chercher des armes dans une cité voisine. Par le dialogue, la famille de Stéphane, les élus et les forces de l'ordre de la ville réussissent à les calmer. Mais pas à les faire taire. Ils veulent parler, témoigner. Raconter la vie sacrifiée de Stéphane. L'idée germe d'écrire un journal. Mis

en contact avec la rédaction de «Nova», les jeunes expriment leur ras le-bol d'une violence érigée en système, d'une escalade fatale, d'un engrenage qui semble voué à l'éternité.

Les journalistes de «Nova» enquêtent. Ailleurs, dans d'autres quartiers, ils entendent le même dégoût, la même nécessité de faire «quelque chose» pour arrêter le carnage. De cette aspiration commune mais éclatée naît le texte du manifeste. En un peu moins d'un mois, (...) «Stop la violence» – «ce bout de papier», disent les plus sceptiques – est mis à la une. On en parle, peut-être pas encore dans les cités, mais dans les journaux, à la télé. (...)

Dans leurs quartiers, dans les collèges et les lycées qu'ils fréquentent, ils tentent de rallier des soutiens. «La plupart des jeunes sont favorables, dit

Saliha, 14 ans, qui vit à Bouffémont. Parce qu'on a écrit la vérité (...)». «On veut redonner la parole à la majorité, ceux qui ne cassent pas, explique Ibrahim de Sarcelles. L'idée, c'est de faire comprendre aux gens que les jeunes ne sont pas le problème, mais qu'ils peuvent être la solution. Le manifeste, c'est la première porte qu'on ouvre.» (...)

4 Imaginez que vous habitez à Bouffemont et que avez participé à l'élaboration du manifeste «Stop la violence», dont les dix points clé sont reproduits ci-dessous.

Préparez-vous à une interview sur les cinq points qui vous semblent les plus importants, et pourquoi.

1 Ça peut plus durer comme ça.

2 Respect: on se parle sur un autre ton.

3 Pas besoin de bande pour se parler.

4 Rendre la justice, ça devrait être merveilleux.

5 Pas de pouvoir aux crapules*.

6 Les armes, ça ne protège de rien. Au contraire.

7 Les mecs* qui frappent les filles sont des impuissants.

8 Quand on casse, c'est toujours nous qui payons.

9 Il faut savoir contre quoi on se révolte.

10 Un échec? C'est pas pour ça qu'on est victime.

crapules:	*scum*
mecs:	*guys, blokes*

Bilan

Entre autres choses, vous devriez maintenant savoir:

- parler de la situation de l'emploi et de la situation dans les banlieues
- employer le conditionnel et l'infinitif passés
- mieux exploiter les techniques suggérées pour l'oral
- mieux comprendre un registre plus relâché à l'écoute.

Si vous êtes satisfaits de vos progrès, passez immédiatement aux activités ci-dessous. Sinon, voici quelques suggestions:

- Utilisez les textes et transcriptions d'enregistrements exploités dans cette Unité pour récapituler l'information clé sur l'emploi ou sur les banlieues, sous forme de notes clairement organisées.
- Conditionnel passé: faites des phrases commençant par: «Si j'avais su, ...». Infinitif passé: inventez des phrases contenant les mêmes structures que sur la **feuille 3**, sur n'importe quel thème.
- Enregistrez-vous pendant une minute sur un thème familier, en vous concentrant sur un critère particulier – par exemple éviter un vocabulaire d'ordre trop général. Ecoutez-vous ensuite afin d'apporter des améliorations.
- Réécoutez les enregistrements contenant un registre relâché, d'abord avec, puis sans la transcription.

A Seuls ou en groupe, produisez un sondage de rue sur un de ces deux thèmes:

Côté emploi/Côté banlieues, voyez-vous l'avenir en rose ou en gris?

Composez cinq à six paragraphes d'environ 40 mots comme ci-contre. Reflétez diverses opinions pour démontrer votre connaissance de la situation au maximum.

B Ecrivez à l'association «Stop la violence» (environ 250 mots) pour donner votre opinion sur son mode d'action, en faisant également référence à la situation dans les banlieues dans votre pays.

C Dans quel sens la situation de l'emploi en France a-t-elle évolué depuis la parution D'*Objectif Bac 2*? Faites quelques recherches et préparez-vous à en parler, en dressant des comparaisons avec votre pays.

«Le gouvernement et la mairie investissent dans les banlieues, mais est-ce que ces gens-là veulent vraiment travailler? J'ai un voisin qui a été licencié après 30 ans en usine, et il n'est pas plus riche que dans les banlieues.»

La France dans le monde

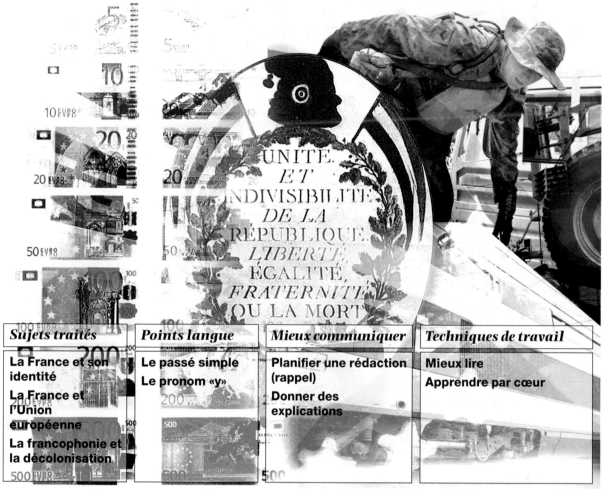

Sujets traités	Points langue	Mieux communiquer	Techniques de travail
La France et son identité **La France et l'Union européenne** **La francophonie et la décolonisation**	**Le passé simple** **Le pronom «y»**	**Planifier une rédaction (rappel)** **Donner des explications**	**Mieux lire** **Apprendre par cœur**

1 Quels aspects vous viennent à l'esprit quand vous pensez à l'image de la France dans le monde? Et à son histoire? Discutez-en à plusieurs.

2 A Faites correspondre les images ci-dessus, qui symbolisent certains aspects de la France, à **1–5**.

    1 L'Union européenne

    2 La liberté et la Révolution

    3 la colonisation

    4 la monnaie unique

    5 la technologie

B Choisissez les deux photos qui, à votre avis, sont les plus représentatives de la France, et justifiez votre choix.

Pour moi, ... exprime...

J'estime que... symbolise...

J'ai choisi... parce que la France a beaucoup contribué à...

...me semble assez représentative dans la mesure où...

A Lisez d'abord le titre des articles ci-dessous pour décider lequel semble le plus critique, puis vérifiez par une lecture rapide des articles.

B Traduisez 1–6 à l'aide du contexte et de l'enregistrement.

1 ce n'est pas le fait de tous les Français
2 une montée de la xénophobie
3 une attitude nombriliste
4 côtoyer
5 une grande puissance mondiale
6 l'orgueil du passé

Techniques de travail

Mieux lire (1)   EXAMEN

● Préparation – Commencez toujours par regarder le titre, le sous-titre et les illustrations, qui peuvent vous aider à prédire le contenu d'un texte. Lisez aussi les activités, qui peuvent également servir de guide. Réfléchissez ensuite au vocabulaire et aux idées que vous allez peut-être rencontrer dans le texte.

● Lecture – Commencez par une lecture rapide en vous aidant du contexte pour mieux comprendre. Si nécessaire, vérifiez ensuite vos hypothèses par une lecture plus détaillée.

Portugal

France, synonyme de liberté

«Mario Soares, 73 ans, président du Portugal entre 1986 et 1996 (...)».
«Après mes ennuis, sous la dictature de Salazar, c'est la France qui m'a accueilli lors de mon exil, en 1970.
A cette époque, je n'étais pour les autorités de mon pays qu'une sorte de paria. Or ici, en France, j'ai

même pu enseigner à la Sorbonne. J'ai également participé à la politique française (...) aux côtés de mon ami François Mitterrand. En somme, la France, pour moi, est synonyme de liberté. C'est une terre d'accueil. Bien sûr il y a une montée de la xénophobie, si l'on en juge par les scores du Front national. (...) Reste que cette xénophobie n'est pas le fait de tous les Français, mais d'une minorité. Certes, à Paris, il y a parfois une intolérance envers les étrangers. Ainsi, je trouve quelquefois les chauffeurs de taxi parisiens très agressifs, voire mal élevés. C'est un comportement qu'on ne voit guère dans d'autres pays. (...) C'est peut-être parce que, faute d'avoir suffisamment voyagé, ces personnes s'imaginent que la France est encore le centre du monde. Cette attitude nombriliste ne m'affecte pas personnellement, car j'ai toujours eu la chance de côtoyer des Français très ouverts, très cultivés. Mais je dois reconnaître qu'un certain nombre de mes compatriotes me disent périodiquement qu'ils trouvent les Français arrogants, qu'à chaque fois qu'on leur demande un renseignement dans la rue à Paris la plupart répondent: "Débrouillez-vous!"».

Angleterre

Vous avez perdu votre influence

Kate Jezzard est professeur d'université à Paris.
«J'adore la France – j'y habite maintenant depuis presque sept ans. Je me suis adaptée assez facilement au mode de vie français qui est très décontracté, mais je connais des Français qui vivent dans le passé et n'acceptent pas que la France n'ait plus la même influence qu'avant. Au XIXe siècle, la France possédait le deuxième empire colonial et était une grande puissance mondiale. Malgré la décolonisation qui lui a fait perdre une grande partie de son influence dans le monde, elle refuse d'oublier l'orgueil du passé et veut toujours jouer un rôle extérieur important. Cependant, j'estime que son avenir est dans l'Union européenne plutôt qu'à plus grande échelle, et sa contribution à la construction européenne a d'ailleurs été fondamentale.»

2 **A** Relisez les articles **p36**, puis résumez les opinions exprimées sur l'identité de la France en reliant **1–5** à **a–e**.

1 La France, synonyme de liberté, possède un système politique très ouvert:

a en y jouant un rôle de première classe.

2 Le mode de vie français est très relax:

b la France a dû y renoncer, perdant ainsi une partie de son influence.

3 Les Français savent écouter les problèmes des autres,

c même un exilé étranger peut y participer.

4 Après avoir régné sur le deuxième empire colonial au XIXe siècle,

d on peut s'y adapter sans difficulté.

5 La France a contribué à la construction européenne

e même si une minorité nombriliste ne s'y intéresse pas.

B Parmi les phrases ainsi constituées, lesquelles reflètent une attitude positive/critique?

Point langue

Le pronom «y» ▶▶ *pp130–1*

- Le pronom «y», employé dans les cinq phrases ci-dessus, peut remplacer:
  - un lieu déjà mentionné:

    Exemples: J'adore la France - j'y habite maintenant depuis presque sept ans («y» ↔ en France)
  - un objet après un verbe normalement suivi de «à/au/aux»:

    Exemples: Les Français savent écouter les problèmes des autres, même si une minorité nombriliste ne s'y intéresse pas (↔ ... ne s'intéresse pas aux problèmes des autres)

- Verbes courants suivis de «à/au/aux»:

  assister à *to attend*

  penser/penser à *to think of*

  contribuer à *to contribute to*

  réfléchir à *to think about*

  s'intéresser à *to be interested in*

  renoncer à *to renounce*

  obéir à *to obey*

  résister à *to resist*

- Attention! «Y» représente des choses, des idées... mais jamais des personnes:

  Je pense à mon travail -> J'y pense

  Je pense à Valérie -> Je pense à elle

  Je pense à Yves -> Je pense à lui

---

3 **A** Traduisez les cinq phrases de l'**activité 2**.

B Pour plus de pratique sur l'emploi de «y», passez à la **feuille 1A**.

La France et l'Union européenne

1 Les origines de l'Union européenne, vous connaissez? Complétez les phrases suivantes, puis vérifiez à l'aide de la cassette.

1 En _____, à la fin de la Seconde guerre mondiale, l'Europe était en ruines.

2 De là est née l'idée d'une communauté européenne pouvant sauvegarder la _____ en Europe et construire un _____ commun pour une Europe prospère. (paix – conflit – guerre – marché – produit)

3 Ses fondateurs principaux, Robert Schuman et Jean Monnet, étaient tous deux des hommes politiques _____. (italiens – allemands – français).

4 D'abord, en _____, ils ont établi une union entre la France, l'Allemagne, la Belgique, l'Italie, le Luxembourg et les Pays-Bas, permettant ainsi à ces pays de mettre en commun leur charbon et leur acier. (1948 – 1951 – 1955)

5 Plus tard, en 1957, ces six pays ont signé le Traité de _____, créant ainsi un marché commun plus large sans barrières douanières. (Berlin – Paris – Rome)

6 La Communauté européenne s'est peu à peu élargie. Le Royaume-Uni en est devenu membre en _____. (1963 – 1973 – 1978)

7 Le traité de Maastricht, signé en _____, a permis une plus grande intégration économique et la libre circulation des citoyens de la communauté. (1988 – 1992 – 1996)

2 Que savez-vous de l'Union européenne? Ecoutez ces jeunes qui en parlent telle qu'elle était au début de l'an 2000, puis répondez à **1–5**.

1 Quels étaient les 15 pays membres de l'Union européenne en l'an 2000?

2 A combien s'élevait alors la population de l'UE?

3 Quand l'euro est-il devenu monnaie légale?

4 Comment devait-il s'appeler au départ?

5 Quelle date a été choisie pour introduire l'euro en pièces et en billets?

3 **A** Apprenez par cœur l'information présentée jusqu'ici sur l'UE et ses origines.

B Faites la **feuille 1B**, puis démontrez vos connaissances sur l'UE par un exposé basé sur un minimum de notes.

Techniques de travail

Apprendre des faits par cœur

... Utile pour une partie de votre examen!

- Résumez-les (diagrammes, réseaux de mots...). Apprenez et révisez régulièrement.

- Inventez des questions sur un thème, puis essayez d'y répondre, seuls ou à deux.

- N'apprenez pas trop de chiffres exacts: «environ un tiers» pour 31,6% est suffisant.

4 **A** Ecoutez l'interview sur l'Europe et identifiez les trois thèmes principaux.

B Ecoutez à nouveau et mettez le résumé **1–5** dans l'ordre de l'interview.

1 Les Etats de l'UE collaborent pour protéger l'environnement.

2 L'UE finance un projet qui permet la libre circulation des étudiants entre les pays.

3 L'UE a lancé des initiatives protégeant les droits des employés.

4 L'introduction de l'Euro est associée à la volonté de stabiliser les prix et de créer une économie plus saine pour l'emploi.

5 Le Fonds social européen permet de promouvoir l'emploi et le développement des ressources humaines.

C Expliquez les expressions **1–5**, inspirées de l'interview, avec vos propres mots.

1 Il faut combler le fossé économique entre régions riches et régions pauvres.

2 L'UE prend des mesures ciblées en faveur des groupes les plus touchés par le chômage.

3 Beaucoup d'étudiants ont déjà tiré profit des bourses offertes par Erasmus.

4 L'UE permet désormais la libre circulation des citoyens.

5 La pollution ignore les frontières nationales.

Mieux communiquer

Donner des explications

L'**activité 4C** vous demande de paraphraser certaines phrases pour montrer que vous les comprenez. Ceci demande une certaine technique:

- Expliquez chaque phrase dans son contexte, et non pas en général.
- Apprenez à jongler avec synonymes et antonymes.
- Souvent, il est cependant plus facile de changer la structure d'une phrase plutôt que de remplacer chaque mot par un synonyme.

Exemples: Cela permettra à l'UE d'augmenter les investissements financiers... ➔ De cette manière, l'UE pourra investir plus d'argent...

Il faut investir en faveur de la création d'emplois. ➔ ...pour réduire le chômage.

5 Des trois thèmes mentionnés dans l'interview ci-dessus, sur lequel l'UE devrait-elle se concentrer le plus? Discutez-en à plusieurs en justifiant votre opinion au maximum.

Le visage humain de l'Europe

Qu'est-ce qui fait tomber les frontières mieux que Schengen ou Maastricht? C'est l'amour, of course!

Ignorant leur cheeseburger dégoulinant de Ketchup, Sophie et Conor, main dans la main, se dévorent des yeux. A Heidelberg, en ce mois de juillet, l'année universitaire s'achève. Et s'achève peut-être aussi l'idylle de ces deux étudiants, qui se sont rencontrés pendant un programme d'échanges entre universités de l'Union européenne (le programme Erasmus). Un programme favorisant la mobilité des étudiants et grâce auquel Sophie et Conor, comme tant d'autres, ont pu se découvrir, s'enrichir de leurs mutuelles différences.

D'où viennent ces différences? Sophie est parisienne, Conor est de Dublin. Ils ont participé au programme Erasmus en Allemagne afin d'y effectuer la deuxième année de leur licence en biologie moléculaire. Le peu de temps qu'il reste après des journées passées au laboratoire, Sophie et Conor l'emploient à découvrir l'histoire et la culture de leurs pays respectifs. «Avant, je croyais que tous les Irlandais étaient des extrémistes!» avoue Sophie en riant. Elle a aussi appris, grâce à Conor, à aimer la bière. En échange, elle l'initie à la cuisine française et à l'art «de couper un fromage autrement qu'un vulgaire saucisson...».

La construction européenne? Le contact humain fait tomber les frontières plus sûrement qu'à Maastricht, semble-t-il. Sophie et Conor se félicitent d'initiatives encourageant les échanges, telle la création dans leur domaine de l'Embo (European Molecular Biology Organization). Mais, plus que tout, ils se méfient des politiciens et de leurs hypocrites professions de foi européennes. Ainsi, bien que sa sœur, infirmière, travaille également en Allemagne, Conor a voté non

6 **A** Lisez vite l'article en vous aidant du début des paragraphes pour en suivre l'évolution.

B Expliquez, oralement ou par écrit, le message contenu dans chaque paragraphe.

C Résumez l'article en 120 mots maximum. Vous pouvez réutiliser du vocabulaire ou des structures de l'article, mais pas des passages entiers.

Techniques de travail

Mieux lire (2)   (EXAMEN)

Comment lire et résumer un long texte?

- Après le plus évident (titre, etc.), la structure d'un texte peut faciliter la lecture: introduction, conclusion, débuts de paragraphes, débuts de phrases (mots de liaison).
- Pour éviter le dictionnaire par manque de temps, concentrez-vous aussi sur le contexte et sur la construction des mots (préfixes, etc.).
- Notez en quelques mots l'idée principale contenue dans chaque paragraphe.
- Décidez ensuite s'il est nécessaire de résumer tous les paragraphes, et si vous allez suivre ou non la chronologie de l'article.
- Dans un texte comme ci-dessus, vous aurez rarement la place de donner des exemples: concentrez-vous sur les idées.

au référendum organisé dans son pays sur le traité de Maastricht – pour exprimer sa désillusion à l'égard de ceux qui le gouvernent...

En revanche, un autre couple, Jack et Maria Fernanda, sont des militants européens qui exemplifient «l'union européenne» au sens le plus significatif du terme. Venue voilà une vingtaine d'années à Strasbourg pour y étudier le journalisme, Maria, jeune Portugaise, y épouse bientôt l'attaché de presse britannique du Conseil de l'Europe. L'osmose entre leurs deux cultures s'est opérée parfaitement dans ce pays tiers qu'est la France. S'ils ont appris à parler couramment la langue de l'autre, c'est en français qu'ils s'expriment en permanence dans leur foyer. Bien sûr, tout n'a pas été facile et ils ont rencontré de la xénophobie, même dans leur propre famille, comme ce jour où un parent de Jack l'avait mis en garde: ne jamais boire de l'eau dans le pays de son épouse, car elle n'était pas potable...

Et la construction européenne, dans tout cela? Les deux couples estiment que leur expérience les arme mieux pour combattre autour d'eux des préjugés et de la xénophobie; que l'Union européenne passe d'abord par les rapports humains comme les leurs, par la mobilité des citoyens. Bien sûr, ces idylles sans frontières ne survivront pas toutes à la rentrée, mais d'autres conduiront à la naissance de ces 23 000 nouveaux eurocouples recensés en France, qui, dans la prestigieuse lignée de celui d'Henri II et de l'italienne Catherine de Médicis, façonnent amoureusement jour après jour le devenir de notre Vieux Continent.

7 Un(e) ami(e) veut participer à un programme d'échange comme Erasmus. Ecrivez-lui pour dire ce que vous pensez de ce projet en vous aidant de l'article ci-dessus.

8 **A** De quel thème parlent les sept jeunes dans le sondage enregistré?
1 L'intérêt des Français pour les questions européennes.
2 Les conséquences actuelles et futures de l'Europe pour la France.
3 Le sentiment d'attachement à l'Europe.
4 L'image de l'euro en France et ailleurs.

B Réécoutez ces jeunes et notez s'ils donnent des opinions positives, négatives ou neutres.

C Ecoutez les résultats d'un sondage réalisé en 1997 et faites l'activité de la **feuille 2**.

D Rédigez tous ensemble des questions basées sur le sondage ci-dessus, puis posez-les à un(e) partenaire qui doit répondre et justifier ses réponses. Prenez des notes, mais sans interrompre votre partenaire.

E Servez-vous de vos notes pour expliquer l'opinion de votre partenaire à quelqu'un d'autre.

La francophonie

«La francophonie» définit l'ensemble des populations qui parlent français comme langue maternelle ou comme deuxième langue de communication.

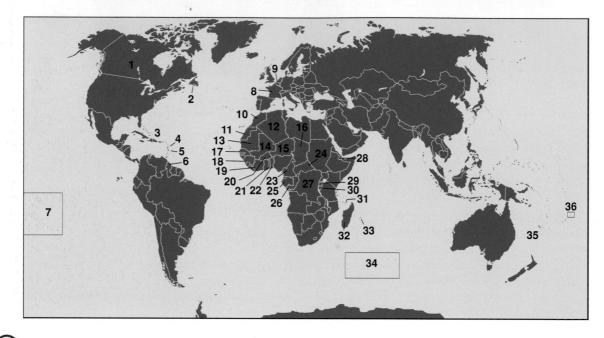

1 A Parmi les pays francophones représentés sur la mappemonde, lesquels reconnaissez-vous? Faites quelques recherches si possible.

B Ecoutez l'information sur la francophonie et corrigez les phrases fausses.

1 Les pays francophones sont tous d'anciennes colonies.

2 Le Vietnam est une ancienne colonie française.

3 Le français ne s'emploie plus autant qu'autrefois au Vietnam.

4 Les liens entre pays francophones sont nés en partie du désir exprimé par d'anciennes colonies françaises.

5 La langue française figure dans les dix premières places au niveau mondial.

6 Le français possède le statut de langue internationale au même titre que le chinois.

2 Certaines colonies ont acquis leur indépendance dans des circonstances dramatiques.

A Ecoutez Béatrice Laffitte et relevez les faits suivants sous forme de notes.

1 Pays en question.

2 Date de la première rébellion.

3 Définition des pieds-noirs.

4 Situation financière des pieds-noirs.

5 Action menée par Ben Bella.

6 Nombre de soldats français.

7 Nombre de morts.

8 Action de de Gaulle en 1959.

9 Date de l'indépendance.

10 Autres détails.

B Réécoutez la première partie de l'interview et notez en deux colonnes les verbes au passé composé et les verbes à l'imparfait, tels que vous les entendez.

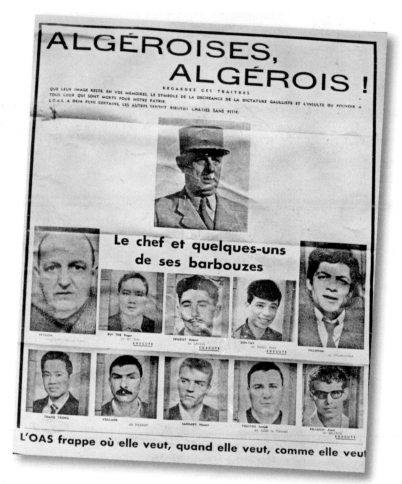

3 Combien d'erreurs factuelles trouvez-vous dans ce compte-rendu des événements ci-dessus? Ne les corrigez pas pour le moment (voir **activité 4**).

Les premières rébellions éclatèrent en Tunisie le 1ᵉʳ novembre 1954. Les participants voulurent entre autres démontrer leur hostilité aux résidents français, bénéficiaires d'un statut plus élevé. La violence s'aggrava ensuite très vite malgré l'action de Ben Bella. Le gouvernement français réagit par l'envoi massif de soldats sur le territoire maintenant ennemi. En 1959, de Gaulle refusa d'accorder le statut d'autodétermination à la colonie rebelle. L'année 1962 marqua finalement l'indépendance des pieds-noirs. Alors commença l'exode de plusieurs milliers de pieds-noirs vers d'autres colonies.

Point langue

Le passé simple ▶▶ *p143*

- Relevez les verbes dans le passage ci-dessus: le temps employé est le passé simple.

- Le passé simple est un temps qui remplace parfois le passé composé dans la langue écrite formelle, par exemple en littérature ou dans des récits historiques. Attention: il ne s'emploie pas à l'oral et il ne remplace pas l'imparfait!

- Le passé simple s'emploie de moins en moins, et vous n'aurez probablement pas à l'utiliser. Il faut cependant savoir le reconnaître, surtout les verbes irréguliers les plus communs.

- Formation: voir **p143**.

4 Résumez les événements de la guerre d'Algérie en réécrivant le passage de l'**activité 3 p43** au passé composé et en corrigeant les erreurs factuelles. Vous pouvez travailler à deux si vous le souhaitez, à condition de parler uniquement français.

5 Pour plus de pratique sur le passé simple et pour obtenir une autre perspective sur l'Algérie, passez à la **feuille 3**.

6 Les relations entre la France et l'Algérie contemporaine restent fréquemment assez tendues.

A Lisez le texte de la **feuille 4** et complétez l'information ci-dessous.

1 Le poète Matoub Lounès a été assassiné le _____.

2 Des jeunes de Tizi-Ouzou ont réagi en _____.

3 Pour eux, le poète symbolisait _____.

4 Ces jeunes s'opposaient à _____.

5 Beaucoup d'Algériens considèrent la loi sur l'arabisation comme _____.

6 Cependant, pour ses défenseurs, il s'agit de sauvegarder _____.

7 D'autres estiment _____ trop important pour qu'on l'élimine.

8 Dans les écoles, le français reste une langue _____.

9 La presse algérienne _____.

Mieux communiquer

Donner des explications

- Chaque fois que vous le pouvez, utilisez vos propres mots plutôt que de reproduire un extrait mot à mot.

- De toute façon, certaines des phrases ci-dessous vous obligent à modifier les structures employées dans l'article. Faites donc attention non seulement aux idées contenues dans l'article, mais aussi à la forme grammaticale des phrases.

7 Aidez-vous de la **feuille 4** pour traduire les expressions verbales **1–10**, puis apprenez-les.

1 to get worse (par. 1)

2 to be devastated (par. 1)

3 to be seen as (par. 1)

4 to free oneself from (par. 1)

5 to be opposed to (par. 1)

6 to attack (par. 3)

7 to symbolise (par. 3)

8 to join forces against (par. 3)

9 to be perceived as (par. 3)

10 to be such that (par. 4)

Techniques de travail

Apprendre par cœur

$\boxed{\text{EXAMEN}}$

Avez-vous une mémoire plutôt visuelle? Plutôt auditive? Préférez une approche plus «physique»? *Objectif Bac* vous a déjà donné beaucoup de conseils pour apprendre par cœur (regroupements par synonymes, etc.), mais en voici d'autres.

– essayez de vous rappeler la position des mots à apprendre dans le texte d'origine;

– dites les mots plusieurs fois, les yeux fermés, en les imaginant écrits devant vous;

– enregistrez les mots en français, puis écoutez-les et testez-vous en essayant de les visualiser (entraînez-vous aussi dans l'autre sens);

– seuls ou à deux, écrivez un mot par carte, puis tirez une carte et improvisez une phrase orale ou écrite contenant ce mot;

– faites des listes sur ordinateur (par exemple pour chaque sous-thème d'une Unité) puis, de temps en temps, faites des regroupements (par exemple verbes, adjectifs, etc.)

– révisez le lendemain...une semaine plus tard...un mois plus tard.

8 Après la décolonisation qui l'a privée de la plus grande partie de son empire, la France cherche à maintenir son influence culturelle dans le monde. Elle encourage donc la francophonie et l'apprentissage de la langue française, comme elle le fait au Bénin, État ouest-africain.

A Lisez le texte, puis trouvez quels paragraphes se concentrent sur:

1 les motivations qui ont encouragé les étudiants à apprendre la langue française;

2 l'organisation de l'apprentissage du français;

3 les problèmes potentiels et réels de l'initiative ;

4 le rôle de la langue française et de la langue locale au Bénin.

B Reprenez les titres ci-dessus (**activité A**) et préparez quelques notes pour résumer l'information de chaque paragraphe. Mentionnez uniquement l'essentiel et évitez les exemples et les répétitions.

C Relevez dans l'article des mots qui appartiennent aux catégories ci-dessous, puis apprenez ceux qui vous semblent les plus utiles.

1 l'éducation ou l'enseignement de la langue française

2 le commerce

3 la malhonnêteté.

9 A deux, préparez un dialogue entre un professeur qui participe au programme d'enseignement du français et un journaliste qui s'y intéresse, en vous basant sur les activités ci-contre. N'oubliez pas de donner votre propre opinion sur le projet. Si vous jouez le rôle du journaliste, faites attention à la formation de vos questions ▶▶ **p128**.

Ce texte parle de l'apprentissage du français au Bénin en Afrique, ancienne colonie française où le français est la langue officielle mais qui coexiste parallèlement à la langue locale.

1 Nous sommes à Boko, une localité située à une quinzaine de kilomètres de Parakou, au nord du Bénin. Dès 18 h 30, l'école publique est dans la pénombre. Bientôt apparaissent les lueurs de lampes-tempêtes portées par des hommes qui vont se ranger sagement dans une salle de classe. Les lampes, déposées sur chaque table, éclairent des ardoises, des craies, des cahiers et des stylos.

2 Le maître est un jeune de la localité. Il a fréquenté l'école jusqu'en terminale mais il est paysan, comme tous ses élèves : vingt-cinq adultes venus apprendre le français. « *Depuis plusieurs années, explique l'un d'eux, nous savons lire et écrire dans notre langue. Mais dès que nous sortons de notre village, nous devenons presque handicapés. Pour vendre nos produits ou faire des achats, nous sommes obligés de recourir à des interprètes, au risque de nous faire escroquer. Même problème pour déchiffrer les notices des produits et équipements, toujours écrites en français. C'est pourquoi nous avons besoin de comprendre un peu le français.* (...)

3 Pour illustrer ce propos, le jeune Ndouro, un « élève » court et trapu, entreprend de raconter sa propre histoire. Il le fait en français et avec une verve que n'entrave nullement son manque de vocabulaire. Ndouro explique comment, il y a deux ans, un besoin pressant d'argent l'avait obligé à vendre son coton dès la récolte, sans attendre la campagne d'achat ordinaire. Pour éviter de se faire gruger par les acheteurs-revendeurs, Ndouro a eu recours à un lettré, ancien élève d'une école d'agriculture. Malgré sa méfiance, il n'a pas pu empêcher son « conseiller » d'entrer en connivence avec les acheteurs, grâce à quelques phrases échangées en français. Au nez et à la barbe de Ndouro, le lettré s'est entendu avec les acheteurs sur un prix avantageux pour eux et a obtenu en échange une commission. Le jeune paysan, après avoir découvert la supercherie, a juré, mais un peu tard, qu'on ne l'y prendrait plus. Il a donc décidé d'apprendre le français.

4 Seize villages comme Boko, répartis sur six sous-préfectures du département du Borgou, au nord

10 Voici un titre de rédaction :

«La France n'est plus une grande puissance mondiale; son influence appartient au passé. Etes-vous d'accord ?»

Préparez un plan de rédaction, avec une introduction et une conclusion sous forme de notes. Vous trouverez des idées dans chaque section de cette Unité. Entre autres, vous pouvez traiter des thèmes suivants : l'importance du français comme langue internationale; la décolonisation; le rôle de la France en Europe.

Techniques de travail

Planifier une rédaction (rappel)   (EXAMEN)

- Introduisez le sujet, expliquez ce que vous entendez par la citation, et peut-être comment vous allez aborder la question; éveillez l'intérêt du lecteur;
- Ordonnez vos arguments de manière logique, un argument par paragraphe ;
- Equilibrez les arguments pour et contre la citation;
- Réservez vos arguments préférés pour la deuxième partie de la rédaction, pour conduire plus naturellement à votre conclusion;
- Les mots de liaison sont très importants pour bien lier les phrases et les paragraphes de la rédaction;
- Conclusion – résumez avec concision l'essentiel de votre argument, sans le répéter mot pour mot. Finissez avec quelque chose de frappant – par exemple, posez une question, exprimez un espoir ou une crainte.

du Bénin, participent au programme d'enseignement du français lancé par *Derana groupe solidarité*. Cette ONG* locale est composée majoritairement de diplômés sans emploi. Elle a été créée en 1991 par un groupe de jeunes ressortissants du département, parmi lesquels un spécialiste de l'alphabétisation en langue nationale et un professeur certifié de français sans emploi. Leur première activité – bénévole – a été l'édition d'un journal en langue nationale qui en est aujourd'hui à son dix-huitième numéro. À partir de 1995, l'appui d'une ONG américaine et de la Coopération suisse a permis de lancer les cours de français fondamental, qui sont devenus l'activité principale de Derana.

5 Étant donné le prestige que peut conférer à un paysan la maîtrise du français, ce programme ne risque-t-il pas de faire une « concurrence déloyale » aux cours d'alphabétisation en langues nationales ? Brice Lafia, le coordinateur, écarte cette objection : « *Pour*

s'inscrire, il faut avoir fini le cycle complet de l'alphabétisation en langue nationale.» (...)

6 Au terme du cycle de six mois, qui aborde à la fois la lecture, l'écriture, le calcul et l'expression orale, les paysans sont en mesure de se débrouiller dans tous les milieux francophones auxquels ils sont confrontés habituellement. (...) À Boko, pendant les quelques minutes qui précèdent l'arrivée du maître, on peut entendre certains stagiaires discuter en français, preuve que l'enseignement a déjà porté ses fruits.

7 La seule faiblesse évidente du programme est le manque de participation des femmes. Elles ne sont que dix sur les quatre cent douze personnes qui suivent les cours de *Derana groupe solidarité*. L'association a pris le problème à cœur. Elle songe désormais à recruter une animatrice et à trouver des horaires qui conviennent mieux aux femmes.

ONG: organisation non gouvernementale

Bilan

Entre autres choses, vous devriez maintenant:
- mieux comprendre les thèmes abordés
- mieux maîtriser la lecture
- maîtriser le passé simple
- savoir mieux planifier vos rédactions

Si vous êtes satisfaits de vos progrès, passez immédiatement aux activités ci-dessous. Sinon, voici quelques suggestions:

- Revoyez les textes sur un thème mal compris, empruntez les transcriptions de passages enregistrés, puis faites une fiche contenant les points essentiels pour vous entraîner ensuite à les formuler oralement par phrases complètes.

- Relisez les conseils donnés pp36 et 40 et forcez-vous à toujours faire les activités de lecture d'abord sans dictionnaire.

- Pour vous entraîner à reconnaître le passé simple à la lecture ou à l'écoute, testez-vous à l'aide d'une liste des verbes les plus délicats en deux colonnes: infinitif et conjugaison avec *il/elle*.

A Suivez le plan que vous avez rédigé pour **l'activité 10 p47** et écrivez une rédaction sur le thème «La France n'est plus une grande puissance mondiale; son influence appartient au passé. Etes-vous d'accord?».

B D'après vous, l'Union européenne a-t-elle amélioré la vie des citoyens européens? A partir de quelques notes, préparez-vous à faire un exposé pour exprimer votre opinion à ce sujet.

Le progrès à pas de géant

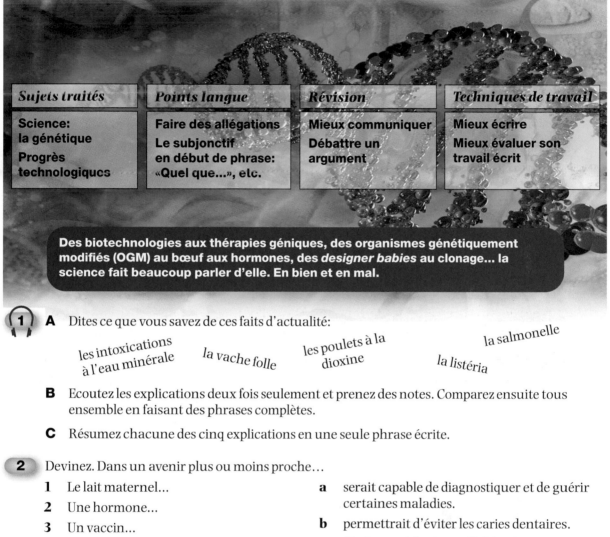

Sujets traités	*Points langue*	*Révision*	*Techniques de travail*
Science: la génétique Progrès technologiques	Faire des allégations Le subjonctif en début de phrase: «Quel que...», etc.	Mieux communiquer Débattre un argument	Mieux écrire Mieux évaluer son travail écrit

Des biotechnologies aux thérapies géniques, des organismes génétiquement modifiés (OGM) au bœuf aux hormones, des *designer babies* au clonage... la science fait beaucoup parler d'elle. En bien et en mal.

1 **A** Dites ce que vous savez de ces faits d'actualité:

les intoxications à l'eau minérale   la vache folle   les poulets à la dioxine   la salmonelle   la listéria

B Ecoutez les explications deux fois seulement et prenez des notes. Comparez ensuite tous ensemble en faisant des phrases complètes.

C Résumez chacune des cinq explications en une seule phrase écrite.

2 Devinez. Dans un avenir plus ou moins proche...

1 Le lait maternel...

2 Une hormone...

3 Un vaccin...

4 Un médicament...

5 Un instrument plus petit qu'une cellule...

a serait capable de diagnostiquer et de guérir certaines maladies.

b permettrait d'éviter les caries dentaires.

c diminuerait le risque d'obésité.

d contribuerait à guider nos sentiments.

e pourrait empêcher les rechutes chez les toxicomanes.

Point langue

Allégations

Les phrases ci-dessus sont au conditionnel parce qu'elles contiennent un élément d'incertitude.

En anglais, les allégations se traduisent par des expressions telles que: '*should*', '*is said to*', '*it would appear that*', '*there are claims that*', etc.

Traduisez les phrases **1–5** ci-dessus.

Inventez quelques allégations amusantes ou inquiétantes – à n'importe quel sujet.

La génétique et ses dilemmes

1 Aujourd'hui, bien souvent, qui dit science dit génétique.

A Qu'est-ce que la génétique? Et un gène? Vérifiez dans un dictionnaire monolingue.

B Discussion de départ: dans quels domaines la génétique vous semble-t-elle un sujet d'actualité?

C Vrai ou faux?

1 Les gènes se trouvent dans nos cellules.

2 Chaque gène a une fonction respective.

3 Tous les organismes vivants (humains, animaux, plantes) possèdent des gènes.

2 Répondez spontanément aux questions suivantes par oui ou par non.

1 Devrait-on autoriser un blé* génétiquement modifié qui permette de conserver les gâteaux plus longtemps? (* *nm wheat*)

2 Accepteriez-vous un blé génétiquement modifié qui ait pour but une plus grande résistance à la sécheresse*, par exemple en Afrique? (* *nf drought*)

3 Devrait-on ajouter un gène de scorpion vénéneux au blé pour qu'il puisse mieux résister à certains insectes d'Afrique?

4 Devrait-on transmettre des gènes humains à des vaches afin que leur lait puisse servir à traiter le diabète ou l'hémophilie?

5 Devrait-on élever des animaux dont les organes puissent servir à des greffes* humaines? (* *nf transplants*)

6 Accepteriez-vous de subir* un test qui permette de découvrir la présence d'un gène lié à une maladie génétique? (* *to undergo*)

7 Accepteriez-vous que l'on transmette les résultats d'un tel test à un employeur ou à une compagnie d'assurance?

8 Devrait-on modifier les gènes d'un être humain afin qu'il puisse guérir d'une maladie, sachant que ceci modifierait la composition génétique humaine de manière irrévocable?

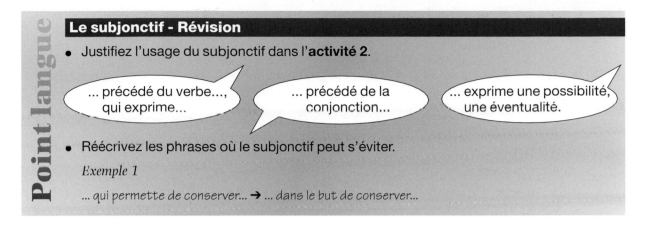

Le subjonctif - Révision

- Justifiez l'usage du subjonctif dans l'**activité 2**.

  ... précédé du verbe...,
  qui exprime...

  ... précédé de la
  conjonction...

  ... exprime une possibilité,
  une éventualité.

- Réécrivez les phrases où le subjonctif peut s'éviter.

  Exemple 1

  ... qui permette de conserver... → *... dans le but de conserver...*

3 **A** Préparez-vous à traduire cet extrait d'article oralement.

BONJOUR AUX ALIMENTS MODIFIÉS

C'est en novembre 1987 que, pour la première fois, le gouvernement a accordé aux agriculteurs français la permission de cultiver du maïs transgénique. Il s'agit d'une plante dont les gènes ont été modifiés dans le but de la rendre plus résistante. Ainsi modifié, ce maïs peut alors produire une substance qui réussit à empoisonner la chenille de la pyrale, un papillon gros consommateur de maïs dans la mesure où il réussit d'ordinaire à détruire jusqu'à un tiers de la récolte annuelle. Dorénavant, les agriculteurs peuvent donc limiter l'usage d'insecticides et vendre une plus grosse récolte.

maïs	*céréale dont on fait par exemple le pop corn*
transgénique	*génétiquement modifié*
la chenille	*la larve, la chrysalide*
une récolte	*le résultat de la culture*

B Entraînez-vous à lire l'extrait ci-dessus à haute voix à l'aide de l'enregistrement.

C Écoutez le reste de l'article, qui vous aidera à traduire les expressions ci-dessous.

1 Soya is more resistant to herbicides.
2 Some yoghurts contain modified soya extracts.
3 All tests seem to prove that modified corn is harmless.
4 They concluded that the French needed to be better informed.
5 Modified plants are widely grown in the States.
6 Growing them is less costly.

pourrir	*to rot*
étiquette	*label*
chercheur	*scientist*

D Résumez chaque section enregistrée en une phrase, en français.

E Extra: passez à la **feuille 1**.

4 **A** Vous avez 10 mn. Après une lecture rapide, écrivez une ou deux phrases sur vos impressions en réaction à l'article ci-contre, puis comparez avec le reste du groupe.

B Cherchez dans la première moitié de l'article des synonymes pour les mots et expressions ci-dessous.

1 souhaitable ou pas
2 existent
3 la mise en place
4 conserver
5 malgré notre ignorance de

6 autorise
7 ce qui cause
8 pouvant
9 la réglementation
10 phénomène nouveau

C Répondez aux questions 1–4 par écrit. Attention: il ne s'agit pas simplement d'extraire des passages de l'article mot à mot.

1 Par quel(s) adjectif(s) décririez-vous l'attitude du gouvernement français?

2 Quelle politique semblent préférer les agriculteurs français en matière d'OGM?

3 Qu'est-ce qui rend les OGM difficiles à éviter dans le domaine de la consommation? Mentionnez deux facteurs différents.

4 Pouvait-on être assuré de pouvoir acheter des aliments non modifiés dans les supermarchés français en mai 99? Nuancez votre réponse.

Techniques de travail

Compte-rendu

Soyez sélectifs: faites comprendre les grandes lignes plutôt que d'accumuler les détails chronologiques.

D Entraînez-vous à faire un compte-rendu oral de l'article (2mn) à partir de notes.

Point langue

Le subjonctif en début de phrase: «Qui que...», etc. ▶▶ *pp146*

Relevez les quatre verbes au subjonctif dans l'introduction de l'article p53.

Pourquoi le subjonctif? Parce qu'il y a une espèce d'incertitude, de vague.

Exemple: Qu'on le veuille ou non (Whether you want/like it or not)

• Traduisez les autres exemples trouvés dans l'introduction.

• Attention à la différence entre «quoique» + subjonctif et «quoi que» + subjonctif.

• Voici un dernier exemple:

Où que vous alliez... Wherever you go...

---

5 Traduisez ces phrases en français.

1 Whatever they think, governments should listen to consumers.
2 Wherever you eat, you will find it hard to avoid GM foods.
3 Whether this information on genetic research is true or not, I am not worried.
4 Whether the legislation is strict or not, it is rarely respected.
5 Wherever you do your shopping, don't forget to check the labels.
6 Whatever consumers say, we mustn't worry.
7 Whether one likes OGM or not, research must continue.

LES OGM ET LA RÉGLEMENTATION FRANÇAISE

La biotechnologie végétale utilise les découvertes de la génétique pour modifier les caractéristiques des végétaux. Qu'on le veuille ou non, les OGM (organismes génétiquement modifiés, parfois appelés «transgéniques») sont parmi nous. Qui que vous soyez, vous êtes certains d'en avoir déjà consommé, et quelle que soit votre préférence, vous êtes probablement assez confus. Mais quoi qu'on en dise, c'est un sujet fascinant.

1953: Avec l'établissement de la structure de l'ADN, la recherche génétique se développe au détriment d'autres domaines tels que l'écologie.

1992: Pour sauvegarder la biodiversité de la planète, 126 chefs d'état décrètent que si les risques générés par une nouvelle découverte ne peuvent pas être précisément évalués, il faut s'abstenir.

1995: Pourtant, les premières plantes à l'ADN modifié sont lancées discrètement sur le marché, sans qu'on connaisse tous leurs effets sur l'environnement et la santé.

Décembre 96: L'Union européenne donne le feu vert au maïs transgénique produit par Novartis, qui contient un gène permettant d'empoisonner la pyrale, et donc d'économiser sur les insecticides.

Février 97: Le gouvernement français autorise l'importation de ce maïs, mais en interdit la culture en France, d'où la colère des agriculteurs. Cependant, la France importe déjà du soja modifié, bien que tout produit susceptible de contenir des OGM doive être clairement étiqueté. La consigne est peu respectée.

Novembre 97: Le gouvernement autorise la culture du maïs modifié – une première en Europe. Il refuse cependant son accord pour le colza* qui, par contamination, peut rendre des mauvaises herbes résistantes aux herbicides. Certains consommateurs et groupements politiques expriment leur mécontentement.

Décembre 97: Le ministère de l'Environnement refuse toute nouvelle autorisation de culture, de commercialisation et d'importation d'OGM résistants aux antibiotiques, de peur de diminuer la résistance humaine. Pourtant, le maïs Novartis autorisé en novembre est résistant à un antibiotique.

Mai 1998: La Commission européenne oblige les distributeurs à mentionner les OGM sur les étiquettes, mais pas les additifs (lécithine de soja, etc.). Pourtant, ceux-ci entrent dans la composition de très nombreux produits.

1999: Avec l'accord de la Commission européenne, les Etats-Unis commencent à exporter vers l'Europe du soja et du maïs modifiés mélangés à des variétés classiques: impossible à détecter.

Mai 99: Sept chaînes européennes de supermarchés, dont Carrefour, annoncent leur intention de distribuer des produits garantis sans OGM. Un coût de 5 à 15%, car il faudra réorganiser le transport, la transformation et la distribution. Mais quels prix faudra-t-il augmenter en magasin? Ceux des produits modifiés, des produits classiques ou les deux?

A l'aube du XXIe siècle: même goût, mêmes qualités nutritives, même prix. Mais meilleur rendement, grâce à des gènes plus résistants aux herbicides ou aux insectes, et parfois meilleure conservation. D'un autre côté, cultiver des OGM réduirait bien moins l'utilisation de pesticides et d'herbicides qu'on ne le croyait au départ, et le pollen de colza modifié peut se propager sur plusieurs kilomètres. Alors, OGM ou pas? Reste à voir...

colza: *rapeseed*

6 Certains, inquiets des conséquences possibles des OGM sur l'environnement, rejettent toute recherche en génétique alimentaire. Il ne faut cependant pas oublier que la «biotechnologie végétale» a aussi pour but de faire avancer la médecine.

A Vous avez 10mn pour remettre les paragraphes de l'article ci-dessous dans l'ordre.

B Imaginez qu'on va vous interviewer sur la thérapie génique. Vous avez 20mn pour relire l'article afin de vous préparer à répondre sans notes aux questions du/de la «reporter» (votre professeur).

a Tout n'est pas simple. Première difficulté: réussir à transporter ces gènes médicaments dans les cellules. Deuxième difficulté: pénétrer dans les cellules malades, et non pas dans les autres. Ensuite, réussir à faire vivre les gènes médicaments suffisamment longtemps. Enfin, parvenir à éviter un phénomène de rejet.

b Or, le traitement de ces maladies ne pourra progresser que grâce aux biotechnologies telles que les biotechnologies végétales, qui peuvent exploiter les découvertes de la génétique pour fabriquer des médicaments, mais en éliminant le risque de contamination lié à l'usage de tissus animaux ou humains. Ainsi, le colza modifié peut permettre de produire une protéine indispensable au traitement de la mucoviscidose.

c Mais de quoi s'agit-il? Cette thérapie vise à guérir des maladies génétiques héréditaires considérées jusqu'à maintenant comme incurables. Elle espère réussir en utilisant comme médicaments des gènes capables de pénétrer des cellules défectueuses afin de corriger des défauts génétiques ou de tuer des cellules cancéreuses.

d Tous les ans, début décembre, des millions de Français regardent le Téléthon, une maxi-soirée télévisée qui fait appel à la générosité du public au profit de la recherche en matière de thérapie génique.

e Dans les années à venir, le Comité national consultatif d'éthique n'aura guère le temps de prendre de vacances.

f Si l'on réussit à surmonter tous ces obstacles, nous assisterons à une révolution médicale dont pourront bénéficier entre autres la myopathie, la mucoviscidose, l'asthme, le diabète, la maladie d'Alzheimer, la polyarthrite rhumatoïde, les cancers et certaines maladies virales.

g En même temps, l'espoir suscité par la recherche génétique ne doit pas faire oublier les dangers quant à son utilisation. Déjà, le clonage inquiète. Mais parlons aussi de ces fœtus dont on pourrait un jour modifier la composition génétique dans le but de produire des designer babies; ou de ces individus qui pourraient se voir refuser une assurance ou un emploi à cause de leur composition génétique jugée à risque.

| myopathie: | *muscular dystrophy* |
| mucoviscidose: | *cystic fibrosis* |

7 **A** Ecoutez les opinions **1–8** sur la biotechnologie végétale: quelle phrase les résume le mieux?

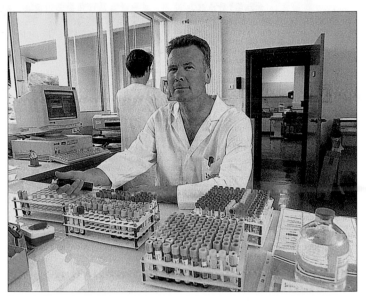

    a Personne ouverte à la génétique et à toutes ses applications possibles.

    b Personne intéressée dans le domaine médical mais inquiète pour l'environnement.

    c Personne indifférente, quelles que soient les conséquences.

    d Personne rejetant actuellement toute application, que ce soit en médecine ou ailleurs.

B Réécoutez l'enregistrement afin de noter des arguments pour ou contre la biotechnologie végétale. Ceci pourra vous servir pour les activités suivantes.

8 Activités orales au choix. Appuyez-vous au maximum sur vos connaissances en matière de biotechnologie végétale et de thérapie génique.

- Préparez-vous à un débat dans lequel vous donnerez votre opinion sur la recherche génétique.

- Préparez un exposé (2–3mn) sur la recherche génétique, en donnant faits et opinions.

9 **A** A deux ou plus, écrivez un article publicitaire (150–200 mots) au brouillon. Le thème:

    Tous pour la recherche génétique!   ou: **Recherche génétique: attention, danger!**

B Discutez de votre brouillon avec un autre groupe avant de terminer votre travail.

Techniques de travail

Mieux évaluer son travail écrit

- Langue: – variété (usage de synonymes, pronoms, etc.)
                   – mots de liaison
                   – mélange de phrases courtes et plus complexes (conjonctions, etc.)
                   – orthographe et grammaire

- Structure: – paragraphes (lien logique de l'un à l'autre?)
                   – ponctuation

- Contenu: – thème traité dans sa totalité? sans digressions?
                   – idées clairement exposées? une note d'originalité?
                   – arguments illustrés par des exemples? sont-ils bien choisis?

- Style: – registre adapté à la situation? (familier/formel)
                   – ton adapté à la situation? (convaincant/dramatique/neutre/amusant...)

Internet: comme chez Ali Baba!

1 A Essayez de devinez les réponses aux questions suivantes: parlez-en à plusieurs.

1 Quand est né Internet?

2 Qui a créé Internet?

3 Qui contrôle Internet?

4 L'évolution du multimédia a-elle été plus rapide en France qu'au Royaume-Uni?

5 Fin 1999, quel pourcentage de foyers français étaient équipés d'un ordinateur?

6 Fin 1999, quel pourcentage de foyers français étaient connectés à Internet?

B Ecoutez les réponses, qui contiennent aussi quelques détails supplémentaires.

2 Identifiez le vocabulaire ci-dessous à l'aide des définitions suggérées, puis apprenez-le.

1	Un navigateur	7	Un moteur de recherche
2	Un réseau	8	Le courrier électronique
3	Un scanner	9	Un fournisseur d'accès
4	Un site	10	Un(e) internaute (ou E-mailer)
5	Un slash	11	Un forum de discussion
6	Un annuaire		

a Une adresse électronique d'un service.

b Un système qui trouve pour vous tous les titres de sites où apparaissent les mots recherchés.

c Un ensemble de plusieurs ordinateurs, connectés entre eux par câble ou par liaison téléphonique.

d Une organisation qui permet d'obtenir une adresse E-mail.

e Un logiciel (programme/procédure) permettant d'accéder aux sites et aux serveurs sur Internet.

f Un guide basé sur le travail humain, qui a pour but de répertorier et de classer les sites francophones par thèmes et par sous-thèmes (par exemple: Yahoo: http://www.yahoo.fr – Wanadoo: http://www.wanadoo.fr – Nomade: http://www.nomade.com – Euréka: http://www.eureka.fr.com)

g Un «salon» où l'on peut échanger des messages sur un sujet d'intérêt commun, si l'on s'abonne à un groupe de discussion.

h Un appareil permettant de transformer une image, une photo, un texte, en signes électroniques lisibles par l'ordinateur.

i Une personne qui communique par E-mail.

j Un système qui permet d'envoyer des messages d'ordinateur à ordinateur. Souvent appelé E-mail.

k Un symbole qui s'utilise dans les adresses E-mail.

La France essaie à intervalles réguliers de se débarrasser d'un excès d'anglicismes en inventant des mots de remplacement à sonorités plus françaises. En voici quelques-uns publiés fin 99: le Cédérom et la messageonique (E-mail)! Ou encore: le bébé-boume, un prêt-à-lire (*bestseller*), un joquet-disque (*disk-jockey*) ou le stripetise (*striptease*). On doute que la bataille puisse être gagnée…

3 Discussion. Vous servez-vous d'Internet? Où? Quand? Combien d'heures par semaine? Pourquoi? Que lui trouvez vous d'agréable, d'utile, de déplaisant, de frustrant, d'inquiétant...? Racontez des anecdotes basées sur votre expérience.

4 Le Web a ses détracteurs, mais aussi des utilisateurs pleins de ressource.

Lisez l'article ci-dessous, puis expliquez ce que signifient les extraits en caractères gras avec vos propres mots.

LE WEB DE PALIER

Les Lyonnais sont très fiers d'avoir conçu le premier «Web de palier» français. Avant, **les relations de voisinage se limitaient aux formules de politesse**. Un jour, la famille du premier étage, les Bornet, a invité tous les locataires à prendre un apéro. C'est alors qu'ils se découvrent une passion commune pour l'informatique et Internet. Frédéric Waeytens – développeur de sites Web - propose de mettre les cinq étages de l'immeuble en réseau, soit une vingtaine de personnes. **L'idée emballe tout le monde**. Sur la lancée, les locataires élaborent un site Internet commun (...)

Les millions d'internautes sont invités à suivre l'évolution de la grossesse de Dominique Waeytens: toutes les échographies sont disponibles en ligne. **Une page de news est consacrée aux derniers scoops** de l'immeuble, comme la mystérieuse disparition du cartable d'Emilie l'an dernier. Le site devient un lieu d'échange où chacun s'exprime librement.

«Le multibranchement [le réseau] ne garantit pas une meilleure communication. **Vient en effet un jour où il faut éteindre les machines et parler à quelqu'un**», affirme le sociologue Dominique Wolton (...). «Internet peut rapprocher les gens, à la seule condition qu'ils en aient vraiment envie», corrige Dominique Waeytens. Isabelle Vio, l'amie de Frantz, ajoute que c'est un outil (...)

Constitués en association – «e-meuble» – **les voisins comptent élargir leur champ d'action à l'ensemble de la place Gailleton**. A Londres, une expérience de ce genre a été menée pendant dix-huit mois par Microsoft, avec une soixantaine de personnes habitant la même rue, reliées par un réseau informatique. La plupart ne se connaissaient pas (...)

Révision

Relevez dans l'article ci-dessus...

1 un verbe à l'infinitif passé ►►**p141**

2 un verbe pronominal se traduisant par le passif en anglais ►►**p129**

3 deux verbes pronominaux traduisant l'idée de *each other/one another* ►► **p 144**

4 un verbe passif au présent (pluriel) ►►**p144**

5 un verbe au subjonctif ►► **pp144–6**

6 un verbe passif au passé composé ►►**p144**

7 un participe présent → remplacez-le par un verbe conjugué) ►►**p138**

5 Par écrit, complétez chaque paragraphe de l'article ci-dessus avec des détails inventés (minimum deux phrases à chaque fois), ou ajoutez des paragraphes.

6 Et la cyberdémocratie, vous connaissez? Ecoutez l'interview et répondez aux questions suivantes en anglais.

1 How does the interviewee define cyberdemocracy at the beginning of the interview?

2 Translate the two questions taken from the *Région Centre* Internet questionnaire.

3 How many replies reached the *Région Centre*, and by what means?

4 How successful is the deputy mayor mentioned, in relation to cyberdemocracy?

5 What other example does the interviewee give straight after?

6 In what way do community representatives actually use the answers they receive?

7 What danger does the interviewer mention in his last question?

8 How does the interviewee perceive the future of cyberdemocracy?

7 Passez à la **feuille 2**, basée sur une autre expérience multimédia.

8 En mars 1999, dans l'extrait d'interview ci-dessous, on demandait à un spécialiste en informatique si la France était en train de combler son retard dans l'appropriation du Net. Vous avez 10mn pour vous préparer à mentionner les points ci-dessous de mémoire.

1 les trois obstacles précis qu'il mentionne

2 deux raisons d'être optimiste

Notes autorisées: 20 mots maximum.

E. Guichard. Oui et non. Le pays compte effectivement moins de praticiens du Net qu'on voudrait le croire. Ce qui n'est pas étonnant car les barrières sont multiples. Il y a tout d'abord les contraintes économiques, puisque les machines et les connexions coûtent cher. Puis les choix politiques: jusqu'à l'arrivée du gouvernement Jospin, les responsables successifs identifiaient Internet à l'impérialisme américain, et ils ont délibérément limité le débit des liaisons transatlantiques. Enfin, des

raisons culturelles: on a tendance à nous faire oublier que derrière Internet il y a l'informatique, qui reste difficile pour le grand public et méprisée par les élites françaises. Cependant, il y a

de nombreux acteurs discrets, dont les enseignants du secondaire, qui, durant leur temps libre, ajoutent un fort contenu culturel au Web. Les institutions, incrédules au début, leur emboîtent aujourd'hui le pas. Il y a aussi les «évangélisateurs», souvent liés au mouvement des logiciels libres. A ce titre, la fête de l'Internet n'est que la partie la plus spectaculaire d'un mouvement en profondeur. Tout cela est très prometteur.

---

9 Internet n'est pas parfait.

A Discutez ensemble des inconvénients ou des dangers qui vous viennent à l'esprit et faites-en une liste.

B Ecoutez le sondage de rue (**1–9**) afin de cocher les dangers ou inconvénients que vous avez notés et d'ajouter ceux auxquels vous n'aviez pas pensé.

10 **A** Lisez «Chère Hélène» et justifiez l'existence ou l'absence d'accord dans les participes passés suivants. Des problèmes? ▶▶ **p138**

1 annoncé
2 rencontrée
3 bouleversée
4 rencontrés
5 parlé

B Remplissez les blancs dans «Les accros du Web».

plus   en   eux   chez   se   par   que   sans

C Cherchez **1–3** dans «L'overdose de l'info», uniquement à l'aide du contexte.

1 the fax machine
2 the mobile phone
3 disappointments

D Expliquez **1–3** (voir «L'overdose de l'info») avec vos propres mots.

1 Pas étonnant que notre cadre moderne n'ait pas la forme
2 mettre [quelque chose] sur le dos de [quelqu'un]
3 séparer le bon grain de l'ivraie.

Chère Hélène,

J'habite dans une petite ville de Loire Atlantique et mon mari, avec qui je vis depuis 15 ans, m'a annoncé qu'il partait vivre au Québec avec une femme qu'il a «rencontrée» il y a trois mois par l'intermédiaire du Net. Inutile de vous dire que cette nouvelle m'a bouleversée. Ils ne se sont jamais rencontrés et se sont à peine parlé au téléphone. Elle essaie, paraît-il, de lui trouver du travail, et il a déjà son billet d'avion en poche. Que puis-je faire?

Suzanne

Les accros du Web

Parmi les internautes de la planète, à la fin du XXe siècle, on comptait déjà huit millions d'accros. Les conséquences sur (1) -mêmes ou sur leur environnement (2) révèlent souvent (3) dévastatrices (4) dans le cas de l'alcoolisme. L'accro typique - plus souvent un homme qu'une femme - passe 80 heures (5) semaine le nez sur son écran, s'isole de son entourage et détruit sa santé. Pas d'E-mail aujourd'hui? Il peut (6) résulter les mêmes symptômes que (7) un drogué en état de manque: anxiété, tremblements, vomissements et crises de panique. (8) parler des «cyberveuves», délaissés par des maris plus pressés de communiquer avec leurs cybercompagnes.

L'OVERDOSE DE L'INFO

Ce n'est pas seulement le Web avec ses océans d'information et son indigestion d'E-mails. Le portable qui sonne 50 fois par jour... le ronronnement perpétuel de la photocopieuse... le télécopieur qui déroule ses rubans... Pas étonnant que notre cadre moderne n'ait pas la forme. Sans parler de son sale caractère! Ils sont de plus en plus nombreux à mettre leurs déboires familiaux et autres sur le dos de ces torrents d'information. La raison? Ils ont l'impression de ne plus rien contrôler. Sans parler du temps qu'ils passent à séparer le bon grain de l'ivraie, ils se sentent de plus en plus incapables de comprendre l'information qu'ils reçoivent, d'émettre des jugements et de prendre des décisions. Encore moins étonnant quand on sait que les 30 dernières années ont généré plus d'information que ne l'avaient fait les cinq derniers millénaires.

Science et techno: le point

1 En préparation aux activités qui suivent...

Mieux communiquer

Débattre un argument

Ne vous contentez pas d'expressions comme «Je suis d'accord/C'est vrai, mais...».

- Retrouvez les quatre groupes de synonymes.

  évidemment, ...   même si...   cependant...   je sais bien que...   en dépit de...
  bien que...   malgré...   toutefois...

- Traduisez les expressions soulignées dans les phrases suivantes.

  1 L'Internet est utile, mais <u>ce n'est pas pour ça qu'on doit en abuser</u>.

  2 L'information est dure à vérifier, mais <u>ce n'est pas une raison pour tout rejeter</u>.

  3 J'aime le Web <u>dans la mesure où</u> on participe à des forums de discussion.

  4 <u>Je ne partage pas ce point de vue car</u> ces forums sont rarement intéressants.

  5 <u>Je suis opposé(e) à tout ce qui</u> menace les contacts humains.

  6 <u>Evidemment, mais quand même</u>, le Web est un excellent moyen de distraction.

  7 <u>Je trouve qu'on a tort de</u> rejeter le progrès.

  8 <u>Je désapprouve qu'on ne puisse pas</u> contrôler Internet.

2 Activité de simulation.

Une multinationale a demandé à votre ville d'autoriser des essais de culture transgénique. Votre maire (votre professeur) recherche l'opinion de ses concitoyens, qui ont accepté d'en débattre en petits comités. Le vôtre comprend:

- un agriculteur/une agricultrice favorable aux OGM;

- un(e) supporter de Greenpeace favorable à la culture bio;

- un(e) scientifique travaillant dans le domaine de la thérapie génique;

- un(e) spécialiste de la médecine douce par les plantes.

Votre but est d'essayer d'influencer ceux qui sont opposés à vos idées. Pour vous préparer, dressez une liste d'arguments justificatifs (avec exemples) et réfléchissez aux arguments probables de vos opposants.

3 Ecrivez une lettre (ou un E-mail!) d'environ 200 mots à un(e) ami(e) au sujet de votre expérience du Web et de vos conclusions.

Quel que soit votre point de vue, montrez toutefois que vous acceptez jusqu'à un certain point l'opinion de votre ami(e), que vous savez différente de la vôtre.

Techniques de travail

Mieux écrire

(EXAMEN)

- La longueur des activités écrites peut varier d'environ 50 mots (par exemple pour donner son opinion sur un passage de lecture ou d'écoute) à plusieurs centaines de mots. Apprenez donc à bien vous représenter différentes longueurs afin de mieux utiliser votre temps.

- Quand vous devez faire une activité courte, il est préférable de condenser votre pensée et nécessaire d'éviter les répétitions. Il faut aussi éviter d'écrire une succession de phrases trop courtes. Pour cela, vous pouvez, par exemple, utiliser des pronoms ou des conjonctions.

  Exemple: *Pour les activités courtes, condensez votre pensée et évitez les répétitions ou les successions de phrases courtes par l'usage de pronoms et de conjonctions. (24 mots au lieu de 44)*

- Prenez le temps de réfléchir et d'organiser vos idées: quelques mots pour un travail court ou un plan précis pour une rédaction.

- Si un de vos exemples repose sur un mot que vous ne connaissez pas en français, pensez-y au stade de la planification, car vous devrez peut-être choisir un autre exemple.

- Après le stade de planification, faites un brouillon assez rapide sans trop vous préoccuper de la langue: l'essentiel est de mettre vos idées sur papier.

- Ensuite, si vous êtes satisfaits de la structure de votre travail, travaillez la langue et le style.

- Donnez-vous le temps de faire une dernière lecture afin de vérifier les points de détail (accents, accords, ponctuation...)

- Familiarisez-vous avec le critère de notation.

- Reportez-vous à la **p55** pour plus de détails.

Bilan

Entre autres choses, vous devriez maintenant savoir:
- parler de certains développements assez récents en science et en technologie
- mieux employer le subjonctif, dans une plus grande variété de structures
- mieux maîtriser la pratique écrite
- mieux débattre vos arguments

Si vous êtes satisfaits de vos progrès, passez immédiatement aux activités ci-dessous. Sinon, voici quelques suggestions:
- faites le point sur le vocabulaire rencontré et essayez de l'inclure dans des phrases improvisées
- utilisez les expressions au subjonctif rencontrées **p52** dans des phrases sur la technologie d'aujourd'hui
- inspirez-vous régulièrement des conseils **p55** et **p61** dans votre travail écrit
- Inventez des phrases contenant les expressions **p60** (Mieux communiquer – Débattre un argument), par exemple au sujet des OGM.

Imaginez que vous avez lu un des articles partiellement reproduits ci-dessous.

Le Web dans tous les lycées: un must?

Le débat s'amplifie sur l'usage du Web dans les lycées.

Toutes les questions qu'on se pose depuis le départ ressurgissent avec l'annonce prochaine d'une nouvelle mesure gouvernementale. Indispensable au XXIe siècle ou trop cher pour le bien qu'on peut en tirer? Un motivateur de choix ou le risque d'aliéner une partie des lycéens... et de leurs profs? Plus de travail? Moins de travail? Et quelle place occuperont les livres? Toute une pédagogie à revoir

Génétique: bonjour, les *designer babies*!

Les progrès de la génétique permettent maintenant de choisir le sexe de son enfant avant la conception.

Choisir le sexe de son enfant? Rien de plus simple! Et même si la loi varie selon les pays, certains couples ont déjà trouvé moyen de la détourner. Quant à la méthode, elle consiste à bombarder du sperme congelé au laser afin de détruire les chromosomes du sexe «indésirable», puis de procéder quelques semaines plus tard à une insémination artificielle. Evidemment,

A Objectif – Discutez à plusieurs du thème mentionné dans l'article, non pas pour convaincre les autres de votre opinion, mais pour examiner les différentes réactions possibles au thème choisi.

Préparation – Faites des recherches (voir **feuilles 3–4**, par exemple). Vous pouvez élargir le débat, mais sans sortir complètement du sujet. Par exemple, sur la génétique, limitez-vous aux questions médicales.

B Ecrivez au journal (environ 200 mots) pour donner votre opinion. Comme support à votre réaction écrite, vous pouvez imaginer ce que disait le reste de l'article.

Français? Oui... et non

Sujets traités	*Points langue*	*Mieux communiquer*	*Techniques de travail*
L'immigration Nouvelles identités	Le subjonctif parfait «Il lui/leur est...» + adjectif Inversions stylistiques	Recyclage	Mieux réviser (1) Compte-rendu d'article anglais

1 Tous ensemble, dites brièvement quels aspects de la société française sont reflétés dans le document et l'image **p63**.

ÉTAT CIVIL

NAISSANCES
Centre hospitalier régional d'Orléans

Tommy Proia, Salima Brahmia, Najla El Carmouhi, Sébastien Crueff, Inès Bentouta, Maëva Debray, Nesli Oz, Sylvai Khokholkoff, Melyn Fessard, Lucas Sawezuk, Alexis Létang, Kilian Groussier, Alicia Pointereau, Aurélien Reculé, Sofiane Djeziri, Emeric Poulin, Mathis Mechain.

DÉCÈS
Mme Bassin, née Gabrielle Boffin, 57 ans, agricultrice, domiciliée à Vieilles-Maisons.

M. Jacques Boutet, 76 ans, géomètre retraité, domicilié à Chilleurs-aux-Bois.

M. Henri Doucet, 84 ans, ouvrier d'usine retraité, domicilié à Dhuizon (Loir-et-Cher).

M. Raymond Lucas, 52 ans, directeur d'usine, domicilié à Dhuizon (Loir-et-Cher).

Mme veuve Perronet, née Gilberte Boursin, 77 ans, domiciliée à Germigny-des-Prés.

Mlle Yolande Morlet, 66 ans, employée de banque retraitée, domiciliée à Lorris.

---

2 A Mentionnez et notez un maximum de vocabulaire pouvant être associé aux thèmes illustrés ci-dessus.

B Ecoutez ces jeunes qui font l'**activité 2A**, afin de noter du vocabulaire supplémentaire. Si nécessaire, vérifiez ensuite dans un dictionnaire monolingue.

Migrations et immigration

A Devinez les réponses aux questions **1–6**.

    1 A combien s'élevait la population française en 1993?

    2 Quel pourcentage d'étrangers résidaient en France?

    3 Quel pourcentage de Français comptaient au moins un parent, grand-parent ou arrière-grand-parent étranger?

    4 La proportion d'étrangers sur le territoire français avait-elle augmenté, diminué ou s'était-elle stabilisée?

    5 Quel proportion d'étrangers installés en France étaient issus de pays européens?

B Vérifiez vos réponses grâce à l'enregistrement.

2 **A** Aidez-vous des structures proposées pour faire un compte-rendu oral sur les deux grilles.

    ● **Etrangers en France, par nationalité (1990)**
    «Parmi les ... en 1990, on constatait que... en première place..., suivis d'assez près par... Les... assez loin derrière, avec... respectivement.»

    ● **Etrangers en Europe, par pays (1992)**
    «En ce qui concerne..., on trouvait en tête..., suivi de très loin par... Par contraste, ... enregistraient des taux très bas, allant de... pour... à... pour... »

B Recommencez, mais sans consulter les structures proposées.

Etrangers en France, par nationalité (1990)	
Portugais	18,1%
Algériens	17,1%
Marocains	15,9%
Espagnols	6%
Tunisiens	5%
Francophones d'Afrique noire	4,9%

Etrangers en Europe, par pays (1992)	
Luxembourg	32,1%
Belgique	9,2%
Allemagne	7,3%
France	6,3%
Royaume-Uni	3,5%
Irlande	2,7%
Espagne	0,9%

3 **A** Entraînez-vous à présenter oralement l'information ci-dessous.

   B Ecoutez ensuite le modèle enregistré.

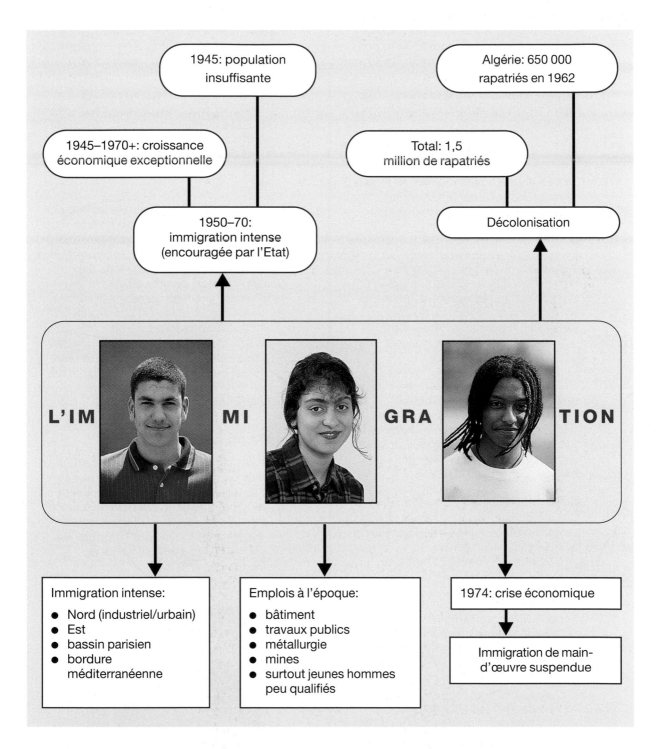

1945: population insuffisante

1945–1970+: croissance économique exceptionnelle

Algérie: 650 000 rapatriés en 1962

Total: 1,5 million de rapatriés

1950–70: immigration intense (encouragée par l'Etat)

Décolonisation

L'IM   MI   GRA   TION

Immigration intense:
- Nord (industriel/urbain)
- Est
- bassin parisien
- bordure méditerranéenne

Emplois à l'époque:
- bâtiment
- travaux publics
- métallurgie
- mines
- surtout jeunes hommes peu qualifiés

1974: crise économique

Immigration de main-d'œuvre suspendue

4 Passez à la **feuille 1**, où vous découvrirez des renseignements supplémentaires sur l'histoire de l'immigration.

5 Depuis 1974, la loi française en matière d'immigration a connu de nombreux changements.

A Lisez l'information ci-dessous et, pour chaque date à partir de 1789, indiquez *D* (= durcissement de la loi) ou *A* (= assouplissement).

B Traduisez l'information donnée pour 1789, 1984, 1986 et 1998 en bon anglais, en respectant le sens du texte. Vous pouvez conserver les mots entre guillemets («...») en français.

1515 Selon le «droit du sol», tout enfant né et vivant en France est automatiquement français.

↓

1789 De plus, tout étranger résidant en France peut se faire accorder la nationalité française de manière automatique.

↓

1804 Désormais, en plus du «droit du sol» (à peine modifié), le «droit du sang» accorde automatiquement la nationalité française à tout individu né de père français en France ou à l'étranger.

↓

1974 L'immigration des travailleurs est suspendue dans sa quasi totalité. L'immigration devient alors autorisée presque uniquement pour les familles d'immigrés déjà installés (politique du «regroupement familial»), les réfugiés et les ressortissants de l'UE.

↓

1980 L'expulsion des immigrés clandestins est facilitée par la «loi Bonnet».

↓

1981 Peu après son élection à la présidence, François Mitterrand autorise la régularisation exceptionnelle de 130 000 «sans-papiers».

↓

1982 Un visa ou certificat d'hébergement devient nécessaire pour rentrer en France.

↓

1984 Tout étranger(ère) épousant un(e) Français(e) ne peut dorénavant acquérir la nationalité française qu'après un délai de six mois.

1986 La première «loi Pasqua» permet l'expulsion des clandestins. Qui plus est, la carte de résident d'une durée de dix ans n'est plus automatiquement renouvelable.

↓

1993 Les enfants d'étrangers nés en France ne peuvent dorénavant acquérir la nationalité française que sur demande écrite entre 16 et 21 ans, et à condition d'habiter en France depuis au moins cinq ans. Les parents étrangers d'enfants français ou nés en France ne peuvent plus obtenir le titre de séjour longue durée nécessaire pour trouver un travail déclaré, et deviennent donc des «sans-papiers» vivant désormais dans l'illégalité et la précarité. Avec cette loi, certains étrangers deviennent ni expulsables ni régularisables.

↓

1998 A condition de résider en France depuis au moins cinq ans, les enfants nés en France de parents étrangers peuvent automatiquement obtenir la nationalité française à 18 ans, ou l'acquérir sur demande personnelle à 16 ans ou sur demande des parents dès l'âge de 13 ans.

6 Ecoutez l'interview sur l'immigration.
Quelles opinions (**1–7**) mentionne-t-elle?

1 N'allez pas croire que des raisons
économiques aient motivé tous les
changements législatifs sur l'immigration.

2 Il ne faut pas s'étonner que l'on
ait pratiquement fermé les frontières
en 1974.

3 Bien que 1974 ait réduit l'immigration,
celle-ci ne s'est pas arrêtée complètement.

4 Il est surprenant que l'économie se soit
dégradée encore plus dans les années 80.

5 Je ne pense pas que la loi se soit durcie
envers les clandestins.

6 Je ne doute pas que la popularité du Front National ait influencé les
gouvernements en matière d'immigration.

7 Il se peut que les lois sur l'immigration aient été détrimentales à l'économie.

Point langue

Le subjonctif parfait

- Les phrases **1–7** contiennent le subjonctif, pour des raisons que vous connaissez
déjà (sinon, vérifiez **pp 145–6**): ... aient motivé ... ait fermé ...
ait réduit ... se soit dégradée ... se soit durcie ... ait influencé ... aient été.

- Cependant, elles contiennent le subjonctif parfait, et non pas le subjonctif présent.
Pourquoi? Parce que chacun des verbes au subjonctif se rapporte
à une séquence temporelle (= dans le temps) antérieure au verbe principal.

Subjonctif présent	Je suis content que la situation s'améliore.
	I am glad the situation is improving.
Subjonctif parfait	Je suis content que la situation se soit améliorée.
	I am glad the situation improved/has improved.

- Formation: voir **p 147**.

7 Passez à la **feuille 2** afin de pratiquer l'emploi du subjonctif parfait.

Techniques de travail

Mieux réviser la grammaire

- Consultez d'anciens devoirs corrigés pour faire une liste de vos fautes les plus fréquentes.
Ensuite, à intervalles réguliers, inventez des phrases sur le même modèle que celles contenant
des erreurs précédemment.

- Inventer des exemples de grammaire basés sur un thème étudié précédemment vous donne en
même temps l'occasion de réviser faits et vocabulaire.

- Entraînez-vous à deux sur un point de grammaire précis. L'un de vous sélectionne un thème
étudié et l'autre doit inventer une phrase.

Exemple: *(plus-que-parfait + banlieues)*
La police est venue, mais des jeunes avaient déjà incendié plusieurs voitures.

Pas de ça chez nous!

1 La crise économique a contribué à l'ascension politique du Front National.

  A Interprétez la carte oralement.

  B Répondez à **1–6** à l'aide du reportage radio.

    1 Quand est né le FN, et dans quel but?

    2 Qui est Jean-Marie Le Pen?

    3 Quel succès a remporté le FN aux présidentielles de 81?

    4 Quel événement a signalé les premiers vrais succès du FN?

    5 Qui a voté FN aux européennes de 1984?

    6 Quel score a fait Le Pen aux présidentielles de 88 et de 95?

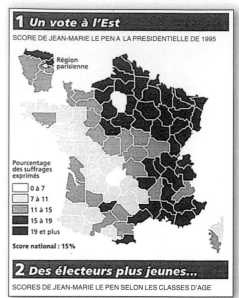

1 Un vote à l'Est

SCORE DE JEAN-MARIE LE PEN A LA PRESIDENTIELLE DE 1995

Région parisienne

Pourcentage des suffrages exprimés

- 0 à 7
- 7 à 11
- 11 à 15
- 15 à 19
- 19 et plus

Score national : 15%

2 Des électeurs plus jeunes...

SCORES DE JEAN-MARIE LE PEN SELON LES CLASSES D'AGE

2 Le Pen est souvent accusé de racisme et de xénophobie.

Ecrivez un paragraphe en anglais de 80 mots maximum dans lequel vous résumerez les vues exprimées ci-dessous.

Le Pen – Extraits d'interview – Mai 98

«Je ne suis point contre les Arabes. Bien au contraire, je suis le seul à les soutenir, chez eux, dans leur propre pays, et à défendre leurs causes. Ma position à l'égard de l'immigration, notamment l'immigration clandestine, ne doit pas être interprétée comme une attitude d'hostilité contre les Arabes ou contre une catégorie d'entre eux.»

«Citez-moi un seul pays qui accepte de légaliser des centaines de milliers d'immigrés clandestins, comme le gouvernement actuel est en train de le faire.»

«En tant que nationaliste français, je reflète la conscience du peuple français. Je désire que la France soit forte, dans un monde où le fort domine les plus faibles. La France doit être égale à elle-même. Je désire rester français sur mon propre territoire.

Cela vous semble-t-il illogique ou erroné? Est-ce là du racisme?»

«[Dans l'éventualité d'une arrivée au pouvoir,] je limiterai l'immigration légale et mettrai fin à l'immigration clandestine en rétablissant les contrôles à nos frontières. En outre, je ferai en sorte que la nationalité française ne soit pas distribuée, comme c'est le cas aujourd'hui, à ceux qui ne la méritent pas, et en aucun cas aux immigrés illégaux.»

«J'encouragerai matériellement et moralement le retour des immigrés vers leur pays d'origine.»

3 Orange, Toulon, Vitrolles, Marignanne: quatre villes qui sont passées aux mains du Front National aux élections municipales de février 1997. Essayez de deviner à qui ou à quoi (**a–e**) se rapportent les phrases **1–7**, puis vérifiez en écoutant cette femme qui raconte la métamorphose de Vitrolles six mois après les élections.

1 Il lui est désormais interdit d'offrir des ouvrages politiques et autres opposés à l'idéologie FN.

2 En conséquence de licenciements massifs, il leur est désormais impossible de fonctionner par manque de personnel.

3 Il lui est désormais imposé de stocker des ouvrages à tendance fascisante.

4 Il leur est quasiment impossible d'exprimer des opinions contraires à l'idéologie FN.

5 Il leur est difficile de résister aux ordres FN, même si ceux-ci ne sont pas légaux.

6 Jugées anti FN, il leur est difficile de fonctionner car leurs subventions ont été réduites ou supprimées.

7 Il lui semble nécessaire de témoigner pour expliquer les injustices commises par la municipalité.

> **a** les employés municipaux
> **b** la bibliothèque municipale
> **c** l'association la Charrette
> **d** les maisons de quartier
> **e** les associations culturelles

Point langue

«Il lui/leur est…» + adjectif

- Vous remarquerez dans les phrases **1–7** ci-dessus des structures impersonnelles contenant «lui» (singulier) ou «leur» (pluriel).

- Rappel sur la différence entre «lui/leur» et «le/la/l'/les»: voir **p130**.

- Les structures impersonnelles contenant «lui» et «leur» se traduisent rarement mot par mot:
  Il leur est désormais impossible de fonctionner.
  They can no longer function/It is no longer possible for them to function.

- A vous! Traduisez les phrases **1–5** en anglais, puis retraduisez-les dans le sens inverse.

Vers de nouvelles identités

A Ecoutez la chanson *Saïd et Mohamed*, de Francis Cabrel, et remplissez les blancs (**feuille 3**).

B Dans la chanson, où était le chanteur? Et «elle», qui était-elle? D'où venait-elle? Quelle était sa vie? Le chanteur la connaissait-il bien? Identifiez tous les sujets abordés.

C En 60 à 80 mots, expliquez le thème d'ensemble ainsi que votre réaction.

2 Les années 80–90 ont vu fleurir une littérature sur les immigrés. La **page 71** reproduit des extraits d'un roman de Tahar Ben Jelloun, *Les raisins de la galère* (1996), dont la narratrice, Nadia, est une jeune fille née en France de parents algériens.

A Traduisez les expressions familières **1–9** à l'aide d'un dictionnaire monolingue.

1	on est foutus	**4**	gueuler	**7**	une bagnole
2	un flic	**5**	du/en toc	**8**	une virée
3	des fringues	**6**	du fric	**9**	être bourré

B Lisez les extraits, notez le thème illustré par chacun puis comparez à plusieurs.

C Expliquez **1–4** sur le plan grammatical.
   1 ... on les a oubliées (extrait **c**)
   2 Qu'elles se débrouillent (extrait **c**)
   3 ... où que tu ailles, quoi que tu fasses et dises (extrait **d**)
   4 ... ils s'y préparent (extrait **e**)

D Thème de discussion: les problèmes de Nadia et de sa génération vous semblent-ils identiques à ceux de la génération précédente? A quelles tendances, à quels choix possibles les nouvelles générations doivent-elles faire face?

E Expliquez en 80 à 100 mots quel est votre extrait préféré et pourquoi.

a Aujourd'hui, j'ai subi une grande défaite. Mais ils ne m'auront pas. Je ne serai jamais la petite Beur qui passe à la télé pour dire combien elle est assimilée, intégrée, rangée. Non, j'ai la rage! J'ai la haine! Trop d'injustice. Je ne serai jamais galérienne... Merde!

b (...) il faut un drame comme le suicide d'une gamine (...), le braquage d'une station-service ou un contrôle d'identité se concluant par une balle tirée dans le dos d'un Arabe pour que nous devenions des sujets dignes d'intérêt pour la télé et les autres médias. La vie tranquille, le bonheur de vivre en paix ne font pas les bonnes histoires ni les gros titres.

c On est foutus. Pas prévus. Ni programme, ni projet. On est juste bons à se faire repérer par les vigiles et les flics. On a regroupé les familles bien en tas, puis on les a oubliées comme de vieilles fringues glissées sous un lit. Qu'elles se débrouillent. Ça n'est pas notre problème. Ils font des enfants? Et alors? Ces enfants sont mal élevés? Et alors? Mal accueillis à l'école? Et alors? N'ont pas où jouer? C'est pas notre problème! Ils cassent tout? On les casse. Ils gueulent? On les frappe. Ils brûlent les autos? On les met au trou. Ils récidivent? On les expulse. Ils sont français, vous dites? Pas vraiment. Pas de sous? Nous non plus. Retour à l'envoyeur.

d Réfléchis avant d'agir. N'oublie pas une chose, n'oublie jamais: où que tu ailles, quoi que tu fasses et dises, tu seras toujours renvoyée à tes racines. Tu es kabyle, on te prendra pour une Arabe, alors même que tu es citoyenne de France. Tu ne seras jamais française. Notre terre couvre notre peau, masque notre visage.

e On dirait que les garçons sont sollicités dès leur douzième année par l'ange noir de l'échec. Ils s'y préparent dès leur petite enfance. Ils voient leurs grands frères tourner mal et en viennent à croire que c'est ça, la vie. Ils les voient s'accrocher au toc, à la frime, au fric facile, aux bagnoles, faire des virées à Paris le samedi soir et rentrer bourrés, puis dormir jusqu'au lundi (...). Ma mère pleurait parfois. A l'époque, mon père ne disait déjà plus rien.

f Yahia et Ali sont venus me voir au bureau de l'Association. Ils avaient laissé pousser leur barbe et arboraient une attitude un peu agressive. Je les connaissais un peu; je savais qu'un jour ou l'autre ils rejoindraient le camp des islamistes. C'est Yahia, le plus politique d'entre eux, qui prit la parole:

«Nous sommes venus te proposer notre aide dans ta campagne électorale. Si tu es élue, ce sera bon pour nous (...). D'un autre côté, il faut dire que nous ne sommes pas très contents de toi. Les frères estiment que tu en fais trop sur la question des filles. Ne te mêle pas de ça! (...)»

g Quel pays est le mien? Celui de mon père? Celui de mon enfance? Ai-je droit à une patrie? Il m'arrive parfois de sortir ma carte d'identité - non, on dit: «carte *nationale* d'identité». En haut et en majuscules: RÉPUBLIQUE FRANÇAISE (...). *Signes particuliers: néant.* Ils n'ont rien mentionné. Cela veut dire que je ne suis *rien*? Pas même «rebelle» ou «Beur en colère»?

3 Il faut parfois se méfier des conclusions hâtives envers les immigrés.

A   Mettez **a–h** dans l'ordre chronologique.

B   Vérifiez à l'aide de la cassette, qui exprime les mêmes idées par des mots différents.

Le cercle vicieux

a   Par exemple, les jeunes Arabes, souvent issus de milieux ruraux et analphabètes, réussissent moins bien à l'école que les jeunes asiatiques, souvent issus de familles plus aisées et plus lettrées.

b   De même voit-on dans les banlieues beaucoup de jeunes qui se sentent rejetés et qui essaient de survivre par des actes criminels.

c   D'après les statistiques, la délinquance se remarque plus parmi les étrangers et les Français d'origine étrangère.

d   Mais encore faut-il analyser ces chiffres de plus près.

e   On constate également que les jeunes beurs réussissent moins bien leurs études.

f   Aussi ne doit-on pas s'étonner des résultats scolaires inférieurs chez les beurs, vu les retards accumulés dès l'école primaire.

g   Ainsi peut-on constater que certains enfants étrangers connaissent des conditions de vie moins favorables.

h   Ces échecs scolaires se reflètent également dans le taux de chômage parmi les jeunes d'origine algérienne.

Point langue

Inversions stylistiques

- Les inversions s'emploient dans les questions mais aussi dans des expressions typiques d'un registre écrit très formel (voir les extraits **b**, **d**, **f** et **g** ci-dessus).

    De même voit-on... = On voit/constate également...
    Encore faut-il analyser... = Cependant, il faut analyser...
    Aussi ne doit-on pas s'étonner... = C'est pourquoi on ne doit pas s'étonner...
    Ainsi peut-on constater... = On constate, par exemple, ...

  Autres exemples:

  Peut-être va-t-il venir. = Il va peut-être venir/Peut-être qu'il va venir.
  A peine était-il arrivé qu'il l'a vue. = Il était à peine arrivé quand il l'a vue.
  Sans doute était-elle trop fatiguée. = Elle était sans doute trop fatiguée.

- Même si vous n'employez pas de telles inversions, apprenez à les reconnaître.

    4   Les harkis ont beaucoup souffert à leur arrivée en France. Mais qui sont-ils?

---

 4 Complétez cette explication à l'aide de l'enregistrement.

> Les harkis sont des -1- maintenant installés en -2- qui, pendant la -3-, de -4- à -5-, ont combattu aux côtés des -6- en faveur d'une Algérie -7-. Après l'indépendance, ils ont donc été obligés de -9- l'Algérie pour -10-.

5 Vous avez 30mn pour lire l'article (**feuille 4**) et vous préparer à en faire un compte-rendu oral en français en vous aidant des questions suivantes.

1 Qui est Carabetta?

2 Que sait-on de son père?

3 Dans quelles conditions a-t-elle vécu son enfance?

4 Comment le gouvernement français s'est-il comporté envers les harkis après la guerre d'Algérie?

5 Que pensent Carabetta et son frère du choix qu'avait fait leur père de combattre auprès des Français?

Techniques de travail

Compte-rendu d'article anglais

Lisez les questions → lisez l'article en soulignant l'information utile → cherchez quelques mots essentiels dans le dictionnaire → annotez l'article en marquant clairement vos références à chaque question (ou préparez de brèves notes sur une feuille séparée) → entraînez-vous oralement.

Rêve d'enfant algérien, 1958

6 Les chiffres démentent parfois certaines idées reçues sur les immigrés.

A Ecoutez l'extrait de reportage ci-contre afin de compléter l'information **a–g**.

B Expliquez en une phrase la ou les conclusions qu'on peut tirer de ce reportage.

La moitié des garçons et le quart des filles d'origine algérienne vivent aujourd'hui avec un conjoint ou ami français de souche.

87% des jeunes ayant des parents algériens ont le français comme langue maternelle. **-a-**% des petits enfants d'Algériens parlent arabe, contre **-b-**% des enfants.

68% des hommes de 20 à 29 ans et **-c-**% des femmes nés en France de deux parents nés en Algérie sont sans religion ou non pratiquants, **-d-**% des hommes et 81% des femmes nés en France d'un seul parent né en Algérie (contre **-e-**% et 55% des Français).

La polygamie des hommes d'Afrique noire occidentale ne concerne que **-f-** ménages (presque tous d'ethnie mandé) sur un total de **-g-**.

7 **A** Même si un nombre croissant d'immigrés se sentent chez eux en France, le mot «intégration» déplaît à certains d'entre eux. Pourquoi, d'après vous?

B Ecoutez les intervenants **1–9** et dites si le mot «intégration»…

   a leur plaît

   b leur déplaît

   c leur semble de peu d'importance.

8 Les mentalités évoluent aussi bien chez les Français que chez les immigrés. Inspirez-vous des documents sonores et écrits ci-dessous et ci-contre pour préparer un exposé intitulé:
Les immigrés en France: bonjour l'optimisme!

BEURS, DEUXIÈME GÉNÉRATION

Nés ici mais venus d'ailleurs, ils se prénomment Khaled ou Rachid et s'éclatent sur scène ou sur grand écran pour nous dire ou nous chanter l'équation beur-cité, l'alliance rap-raï ou le choc des générations. Ces parents passifs et muets dans l'espoir d'un retour au bled, ces huit ans d'une guerre tant négligée par les livres d'histoire, les messages ne manquent pas.

Mais après la banlieue reality-choc, l'image se veut maintenant plus dynamique, plus positive. Des chanteurs comme Rachid Taha, fondateur du groupe *Carte de séjour*, osent dire que les problèmes viennent aussi des beurs, et que c'est d'abord à eux de regarder leurs complexes et leurs anxiétés bien en face. Même le terme «beur», né durant les années Mitterrand, commence par être

contesté. Les politiciens – comme les intellectuels – on peut s'en passer. A quoi servent-ils, si ce n'est à donner l'impression qu'ils ont été les initiateurs de phénomènes qu'en fait ils ne maîtrisent pas?

Alors dorénavant, toutes les sonorités du monde se retrouvent, que ce soit dans *Annabi*, l'album techno-oriental de la chanteuse franco-tunisienne Amina, ou dans les rythmes rap de Yazid. Sans parler de Koma, quand il nous chante: «Je te parle pas de s'intégrer, je te parle d'amour et d'échange.» Et voilà que la France entre dans la danse, heureuse d'adopter la «fierté beur» née de la deuxième génération et du regroupement familial. Intégration ou pas? Pour la «beur génération», la question ne se pose plus. La France, c'est eux.

Front National: rien ne va plus!

Interview enregistrée sur la baisse de popularité du FN.

SOS–Racisme

L'association SOS–Racisme, popularisée par le slogan *Touche pas à mon pote*, est née en 1984. Malgré son succès, on lui a parfois reproché de plus se préoccuper de politique que de vrai changement, ou d'avoir qualifié de racisme ce qui était plutôt une xénophobie causée par la situation économique. Certains, lassés d'être traités de racistes, ont fini par voter Le Pen. Le nouveau président de SOS–Racisme, Malek Boutih, veut faire évoluer le débat. Opposé aux programmes de protection des minorités (sans-papiers, etc.), il veut une vraie France républicaine qui permette à chacun, sur le même pied d'égalité, d'assumer son sentiment d'appartenance à la nation.

(dernier paragraphe du roman de Tahar Ben Jelloun, *Les raisins de la galère* – voir **p71**)

Le facteur sonne; il apporte un paquet recommandé. Elle signe en arabe. Cela paraît amuser le préposé qui, du coup, lui tend une feuille et réclame un autographe: «C'est beau, l'écriture de droite à gauche!»

Sans papiers: la grande ambiguïté (extraits)

La plupart des experts (...) s'accordent à dire que l'immigration zéro, défendue par tous les gouvernements depuis la fin de l'immigration de travail en juillet 1974, et martelée depuis que le Front National menace, est une chimère. D'autres vont plus loin en estimant qu'il faudrait même à nouveau ouvrir les vannes de l'immigration dans les décennies qui viennent. Le problème démographique est assez simple. La France est un pays vieillissant qui ne fait plus assez d'enfants. Les projections ne manquent pas qui permettent de se préparer.

On estime qu'en 1915, si le taux de fécondité demeure faible, l'Hexagone comptera 2,5 millions de jeunes de moins qu'aujourd'hui. Entre 2015 et 2035, la population en âge actif de 18 à 64 ans chutera de 4 millions. (...) D'ici à cinquante ans, le nombre de retraités aura doublé alors que la population active restera sensiblement la même.

A long terme, la question du financement des retraites rejoint donc une réflexion «pragmatique» sur l'immigration: pour assurer le niveau actuel des retraites, et conserver le ratio d'un retraité sur 2,5 actifs, il faudrait utiliser l'immigration pour faire doubler la population active, c'est-à-dire faire entrer en France près de 20 millions de travailleurs immigrés, soit 400 000 par an pendant cinquante ans. (...) Cette hypothèse «*peu réaliste*» n'est pourtant pas farfelue si l'on en croit l'entourage du ministre de l'Intérieur. (...)

Mais quels immigrés? Charles Pasqua (...) prône «*au nom du sang versé*» une immigration du Maghreb et de l'Afrique francophone. D'autres, comme Julien Dray, préféreraient mettre en place des quotas et faire venir des gens qualifiés. En d'autres termes, des Européens.

Bilan

Entre autres choses, vous devriez maintenant savoir:
- parler des thèmes liés à l'immigration dans le contexte de la France
- employer le subjonctif parfait
- mieux faire un compte-rendu basé sur des documents en anglais
- mieux réviser la grammaire.

Connaissances socio-culturelles
- Pour certaines parties de votre examen, vous devrez démontrer vos connaissances sur les thèmes étudiés.
- Révisez régulièrement les grandes lignes (tendances de l'immigration, du chômage, de l'urbanisation, etc.).
- Ne perdez cependant pas votre temps à apprendre trop de détails.
- Regroupez et révisez régulièrement les expressions permettant de présenter ou de contraster faits, tendances et statistiques (voir structures **p64**, **activité 2**).
- Entraînez-vous à parler d'un thème en réduisant vos notes de plus en plus.

A A deux, préparez-vous à un débat semi-improvisé basé sur les rôles ci-dessous. Attention: ceci est une activité de simulation où vous devrez montrer les connaissances acquises et non pas nécessairement votre opinion personnelle.

Partenaire a: Vous êtes un homme ou une femme politique en faveur d'une ouverture plus grande ou totale des frontières.

Partenaire b: Vous travaillez au ministère de l'Intérieur et défendez donc l'attitude du gouvernement en matière d'immigration, basée sur un contrôle sévère des frontières.

B Activité écrite au choix

- Ecrivez une rédaction sur le thème **La France devrait-elle continuer à contenir l'immigration?**
- Imaginez que vous êtes soit un(e) Français(e) de souche, soit un(e) immigré(e), et écrivez une rédaction basée sur cette photo, sur le thème **«Ça, c'est ma ville!»**.

Techniques de travail

Vous pouvez, par exemple, écrire sur le ton d'un journal intime ou d'une lettre ouverte adressée à un magazine. Adoptez un rôle fictif, qui ne reflétera pas nécessairement votre opinion mais reflétera l'attitude d'une certaine catégorie de la population.

Exemples:
- *un(e) sympathisant(e) d'extrême-droite*
- *un (e) immigré(e) satisfait(e) de la France multiculturelle*
- *un(e) immigré(e) mal à l'aise en France*
- *un(e) Français(e) plutôt optimiste envers l'immigration.*

Valeurs d'aujourd'hui

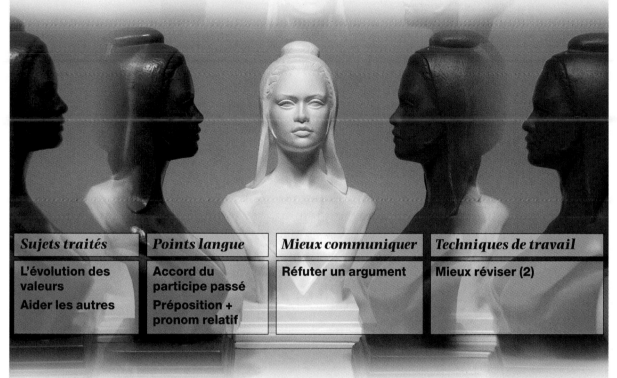

Sujets traités	Points langue	Mieux communiquer	Techniques de travail
L'évolution des valeurs Aider les autres	Accord du participe passé Préposition + pronom relatif	Réfuter un argument	Mieux réviser (2)

L'évolution des valeurs

La famille – L'argent – Le couple – Le travail – Le respect – La mode – La tolérance – La religion – Les traditions – La courtoisie – La démocratie – L'égalité – La charité – La responsabilité – La moralité – La fraternité (= la solidarité) – La liberté – La beauté – La liberté sexuelle – L'égalité hommes-femmes – Le féminisme – Le conformisme – Le civisme – L'individualisme – Le patriotisme – Le nationalisme – L'européisme

1 **A** Classez les valeurs ci-dessus en trois catégories:

    a celles que vous estimez fondamentales

    b celles que vous trouvez ambiguës ou que vous acceptez sans les juger fondamentales

    c celles que vous rejetez largement ou en totalité.

B Comparez votre classification à plusieurs, en justifiant brièvement certains de vos choix.

Ah, toi, tu rejettes la tolérance?

Pas en totalité, mais parfois, la tolérance, ça illustre un mauvais sens des responsabilités. Par exemple, il y a des parents qui tolèrent tout, qui tolèrent trop. Mais ça dépend, évidemment.

A Sur quelles valeurs la société française est-elle fondée?
Ecoutez l'enregistrement et prenez des notes sur **1–5**.

1 Les trois valeurs clé

2 Origine

3 1e valeur: exemples

4 2e valeur: problème

5 3e valeur: pourquoi bizarre?

B Comparez vos notes tous ensemble en faisant des phrases complètes.

3 Regardez **p79** les extraits d'un sondage effectué en France parmi les 13–18 ans. Entraînez-vous à en présenter les résultats oralement, en vous aidant des expressions suivantes.

… vient/viennent en tête…	… (n')arrive(nt) (qu') en dernière position…
… arrive(nt) en première place…	… un faible pourcentage…
… occupe(nt) les deux premières places …	… la grande majorité …
… suivi(e)(s) de près/de loin par…	… s'est/se sont prononcé(s) pour/contre…
… tandis que/alors que…	

4 Vous sentez-vous des points communs avec les jeunes interviewés pour le sondage ci-contre? Répondez en 80–100 mots.

 5 Transcrivez mot pour mot l'enregistrement, basé sur une partie du sondage.

Dans le monde, vous exécrez…

Parmi les personnalités suivantes, quelles sont pour vous les trois personnes qui symbolisent le plus la révolte?

Martin Luther King	**49,75%**
Coluche	**45,73%**
Nelson Mandela	**44,22%**
Le groupe rap NTM	**40,2%**
Che Guevara	**30,65%**
L'abbé Pierre	**21,11%**
Robespierre	**18,59%**
Arlette Laguiller	**10,05%**
Arthur Rimbaud	**9,55%**
Daniel Cohn Bendit	**9,55%**
Autre	**3,02%**

(Total supérieur à 100 % car plusieurs réponses étaient autorisées)

Vous-même, diriez-vous que vous êtes plutôt

(Une seule réponse possible)

Pas révolté	5%
Peu révolté	55,5%
Assez révolté	35,5%
Très révolté	4%

6 Écoutez ce compte-rendu d'une autre partie du sondage et reproduisez-le sous forme de grille de résultats.

Exemple:

Comment vous révoltez-vous?

Vous exprimez toujours votre opinion 68,5%

AUJOURD'HUI, PERSONNELLEMENT, QU'EST-CE QUI VOUS RÉVOLTE?

Dans votre vie

La violence à l'école (racket, agressions, etc.)	89%
La pression du marketing, de la mode et de la publicité dans la société	54,5%
L'autorité des professeurs	30%
L'autorité des parents	23%

En France

Racisme	71%
Pédophilie	55%
Chômage	31,5%
Pauvreté (sans-abri, Restaurants du cœur, etc.)	22,5%
Grandes différences de salaires (du Rmiste à la star du sport ou du show-biz)	11,5%
Corruptions politique et économique	8%

(Total supérieur à 100 % car plusieurs réponses étaient autorisées)

Dans le monde

Travail des enfants	77,5%
Guerres (Kosovo, Afrique centrale, Moyen-Orient, etc.)	76%
Crimes contre l'humanité (ex-Yougoslavie, Rwanda, etc.)	25,5 %
Trafic de drogue	12,5%
Désastres écologiques (pollution, réchauffement de la planète)	8%

(Total supérieur à 100 % car plusieurs réponses étaient autorisées)

7 L'évolution des valeurs est liée de très près à l'économie, comme le manifeste tout particulièrement la période allant de l'après-guerre jusqu'à nos jours.

A Quelle phrase résume le mieux le premier paragraphe de l'article ci-dessous?

    a Les 30 dernières années ont signalé un abandon des valeurs traditionnelles en faveur d'une philosophie de vie plus individualiste basée essentiellement sur le profit.

    b Pendant 30 ans, la dernière guerre a contribué au maintien des valeurs traditionnelles issues de la révolution, même si les Français ont légèrement négligé d'autres valeurs telles que la famille et la citoyenneté.

    c La prospérité économique des 30 années d'après-guerre a causé une désintégration de la morale et des valeurs traditionnelles au profit de l'individu et du gain matériel.

B Résumez les autres paragraphes en une phrase chacun, puis comparez à deux.

C Justifiez l'accord ou l'absence d'accord dans les participes passés suivants, à l'aide de *Point langue* **p81**.

    1 négligée (ligne 5)

    2 fait (ligne 8)

    3 enregistré (ligne 21)

    4 occasionnées (ligne 23)

    5 retrouvées (ligne 24)

    6 négligées (ligne 55)

Les valeurs changent

Les valeurs sur lesquelles repose notre société sont intimement liées au paysage économique. Pendant les 30 ans d'essor économique d'après-guerre, la moralité a été
5 négligée en faveur de la libéralisation des désirs, moteurs de l'économie. La réussite et le bonheur passaient désormais par l'argent, et les valeurs collectives ont fait place au «chacun pour soi». L'égalité et la fraternité se
10 sont fait distancer par le désir de liberté individuelle. D'accord pour l'honnêteté et la tolérance: pendant la révolte étudiante de mai 68, on clamait qu'il était «interdit d'interdire». Par contre, pendant ces trente
15 années, on a accordé beaucoup moins d'intérêt aux besoins de la communauté, au sens du devoir ou au dévouement à la patrie. Quant à la morale chrétienne, qui met en avant famille, travail, patrie et considère la
20 sexualité comme un sujet tabou, elle a, elle aussi, enregistré un sérieux déclin.

Les valeurs individualistes que l'économie avait occasionnées se sont retrouvées bouleversées par la rupture de la
25 croissance et la montée du chômage. Les jeunes, par exemple, ont le sentiment d'appartenir à une génération sacrifiée. Alors on se révolte, on n'a plus peur du gendarme. En même temps, on se sent fragilisé devant la
30 menace de l'exclusion, de la marginalisation. La prise de conscience des inégalités et des injustices a déclenché le retour de l'esprit de solidarité et de la conscience sociale. On se rend compte à nouveau que le bien-être de
35 l'individu passe par le bien-être de la collectivité.

En même temps, de nouveaux modèles d'action sont apparus. On a tant appris à se méfier des institutions (partis politiques,
40 Eglise, syndicats...) qu'on fait de moins en moins appel à eux pour résoudre les problèmes du moment. Ceci explique la

Accord du participe passé ▶▶ *p140*

- Le participe passé s'accorde:
  - à la forme passive (voir **p139**)
  - aux temps composés dans les cas suivants:
    - verbes conjugués avec «être»
    - verbes pronominaux
    - objet direct placé <u>avant</u> le verbe, comme dans les deux exemples ci-dessous:

    Quant aux <u>valeurs morales</u>, on les a beaucoup délaissées.
    («Les», qui se rapporte à «valeurs morales», est l'objet direct du verbe «délaisser».)
    La solidarité est <u>une valeur que</u> les Français ont redécouverte.
    («Que», qui se rapporte à «la solidarité», est l'object direct du verbe «redécouvrir».)

- Verbes pronominaux - Exceptions:

  Ils se sont regardés et ils se sont parlé.   *They looked at each other and spoke (to each other).*
  (A l'inverse de «regardés», «parlé» ne s'accorde pas parce que c'est un verbe intransitif –
      «parler à» – donc normalement suivi d'un objet indirect.)

  Ils se sont fait arrêter.   *They got themselves arrested/They were arrested.*
  (Le participe passé «fait» ne s'accorde pas parce qu'il est suivi d'un infinitif.)

8 Pour pratiquer l'accord des participes passés, passez à la **feuille 1**.

multitude d'associations nées depuis dix ou quinze ans: on préfère assumer soi-même ses
45 responsabilités envers la communauté.

D'autres valeurs, bien sûr, ont également fait leur apparition et vont sûrement continuer à se développer. Les valeurs jugées féminines, telles que le sens pratique, la
50 capacité relationnelle, la souplesse, la sensibilité ou le respect humain, vont certainement jouer un rôle croissant dans la vie économique à l'inverse de l'autorité, de la force ou de la rationalité. Les pratiques
55 religieuses, qu'on avait beaucoup négligées, devraient elles aussi se transformer. Ainsi, on remarque un intérêt croissant envers le bouddhisme, perçu comme une philosophie de vie qui met l'accent sur la nécessité du
60 partage et la recherche de satisfactions non matérielles, très loin des religions qui s'embarrassent de rites multiples et de formalités.

9 L'article **pp80-81** fait référence à mai 68. Ecoutez l'interview sur mai 68 pour pouvoir répondre oralement aux questions **1–5** avec un minimum de notes.

1 Dans quel contexte national et international les événements de mai 68 ont-ils démarré?

2 Comment ont-ils démarré, et pourquoi?

3 Décrivez la situation pendant les événements.

4 Qui était de Gaulle et comment a-t-il réagi?

5 Pourquoi appelle-t-on parfois mai 68 «une fausse révolution»?

10 Côté valeurs, à chaque époque son vocabulaire… pas toujours trouvable dans les dictionnaires, ou pas toujours dans le sens le plus récent. Essayez de deviner à quelles définitions (**a–f**) correspondent **1–6**.

1 Le PACS 4 Le bénévolat

2 La parité 5 Une association caritative

3 Les Verts 6 Vivre en solo

a Un principe souvent débattu au Parlement, selon lequel la Constitution donnerait aux femmes et aux hommes accès égal aux rôles obtenus par élection (députés, etc.), en imposant un nombre minimum de femmes.

b Expression par laquelle on décrit le choix d'un nombre croissant d'individus de ne pas faire leur vie en couple.

c Un pacte civil voté par l'Assemblée nationale en 1999, par lequel deux personnes vivant ensemble sans être mariées (couples homosexuels ou hétérosexuels…) peuvent désormais bénéficier de certains droits financiers et autres.

d Un parti politique pour lequel l'écologie doit être au centre des décisions politiques.

e Un groupement qui mène une action grâce à laquelle les personnes dans le besoin peuvent trouver une aide gratuite.

f Une pratique qui consiste à effectuer un travail gratuitement et sans y être obligé.

Point langue

p132

Préposition + pronom relatif

- Essayez de traduire ces expressions, employées ci-dessus dans les définitions **a–c**: selon lequel – par laquelle – par lequel – pour lequel – grâce à laquelle

- Explication grammaticale: voir **p132**.

- Notez également l'usage de «duquel» **p132**.

- Pour pratiquer l'usage de «lequel», «duquel», etc., et réviser les autres pronoms relatifs, passez à la **feuille 2**.

11 Pour plus de renseignements sur le PACS (**activité 10**), écoutez le sondage de rue. Objectif: écrire ensuite une lettre à un journal ou à un magazine, dans laquelle vous donnerez votre opinion sur le PACS et expliquerez si vous souhaiteriez une loi de ce genre dans votre pays.

être muté:	to be transferred
un héritage:	inheritance
hériter:	to inherit
meurt (- mourir):	dies

12 Traduisez ce passage en français en vous aidant des notes.

As protestors were demonstrating outside the Assemblée nationale the **day before** (1) the vote on the PACS, Elisabeth Guigou, **the** (2) Justice Minister, said once again that the PACS was a way **of strengthening** (3) the family **and offered** (4) a solution to people who live **as** (5) couples **without being** (3) married. Denounced by the opposition **as** (5) an insult **towards** (5) marriage, the PACS enables **cohabiting couples** (6) to register their union **whatever their sex** (7) in order to facilitate their common life.

1 Un seul mot.

2 Article ou pas? Voir **p122**.

3 Préposition + quelle forme verbale?

4 'She said that… and <u>that</u> it…'

5 Différentes traductions possibles. Voir **p133**.

6 … qui + verbe conjugué.

7 Employez une structure verbale. Voir **p146**.

13 **Discussion**

Remarquez-vous des parallèles entre l'évolution des valeurs en France et dans votre pays? Par exemple, quelles valeurs vous semblent le mieux illustrer votre pays aujourd'hui? Etaient-elles différentes il y a une dizaine d'années? Et dans quel sens pensez-vous qu'elles vont évoluer?

L'exclusion et la solidarité

 Comme indiqué précédemment, l'évolution des valeurs est souvent liée à l'économie et chaque époque possède son vocabulaire. Aidez-vous des explications enregistrées pour comprendre le vocabulaire ci-dessous.

1 Les revenus

2 Etre en fin de droits

3 Le RMI

4 Un Rmiste (ou: érémiste)

5 Le seuil de pauvreté

6 Les nouveaux pauvres

7 L'exclusion

8 Un SDF, ou un sans-abri

2 L'interview ci-dessous a été reproduite sans les questions. A vous de les écrire.

1 Ce sont des gens qui bénéficiaient autrefois de revenus qui leur permettaient de vivre indépendamment et qui n'avaient aucune raison d'avoir peur de l'avenir, puis qui se sont retrouvés dans la pauvreté, généralement à cause du chômage.

2 Je dirais que oui, dans la mesure où elle atteint actuellement 12%. Il faut dire cependant que ce chiffre est relatif. En effet, quand la différence entre les plus gros et les plus bas revenus est particulièrement grande, les personnes qui tombent juste en-dessous du seuil de pauvreté ne sont pas nécessairement incapables de subvenir à leurs besoins.

3 C'est assez varié, mais on réussit bien sûr à identifier des tendances. On constate, par exemple, que la moitié des Rmistes ont moins de 35 ans, que 80% sont de nationalité française et que les trois quarts vivent seuls. Environ 40% étaient ouvriers et 10% étaient cadres ou techniciens.

4 Le chiffre est monté à plus d'un million, mais si on tient compte des conjoints et des enfants à charge, on arrivait à un total de 2 millions de personnes dépendant du RMI.

5 Non. Il a également un deuxième but, qui est la réinsertion professionnelle. En effet, les personnes bénéficiant du RMI doivent se soumettre à un processus de recyclage professionnel afin d'être dans de meilleures conditions pour réintégrer le monde du travail.

6 Oui, dans la mesure où il a permis à beaucoup de familles de survivre pendant les périodes de chômage longue durée, mais en matière de réinsertion professionnelle, jusqu'à maintenant le succès a été limité.

3 L'exclusion est un phénomène vaste et complexe. Complétez ce texte par des mots qui respectent la structure des phrases ainsi que le contexte. Vous n'aurez pas à utiliser tous les mots suggérés.

De nos jours, est considéré -**1**- «exclu» tout individu n'appartenant pas à un groupe de base -**2**- que la famille ou le voisinage, ou appartenant à un groupe rejeté: secte, bande, etc. Dans ce sens, l'exclusion n'est pas un phénomène nouveau, mais -**3**- une nouvelle appellation.

-**4**-, l'exclu était un individu qu'on -**5**- d'intégrer parce qu'il ne se conformait pas à la loi ou aux règles de la communauté. De nos jours, c'est -**6**- qui ne peut pas travailler, par exemple le chômeur, le handicapé, voire même parfois la personne âgée. L'exclu se définit donc par sa place dans la société de consommation.

- PARIS 17ÈME

POUR VIVRE

Ironiquement, -**7**- à un certain point, l'exclusion -**8**- une fonction sociale dans la mesure où, par contraste, elle renforce la cohésion sociale et la conscience collective en essayant d'y intégrer un maximum d'individus. -**9**-, au-delà d'un certain point, elle -**10**- productrice de malaises sociaux et finit par mettre la société en -**11**-, parce qu'on rejette non pas celui qui ne veut pas suivre, mais celui qui ne -**12**- pas suivre.

ainsi	tel
autrefois	complète
celui	devient
cependant	est
comme	peut
danger	pouvait
jusqu'	refusait
plutôt	remplit

4 Une loi contre l'exclusion a été adoptée par l'Assemblée nationale en juillet 1998. Ecoutez le reportage radio et présentez les points principaux de la loi en anglais, sous forme de notes (100 mots maximum). Vérifiez d'abord que vous comprenez ces expressions:

un gérant – un foyer de travailleurs – le loyer – être surendetté – l'allégement d'une dette.

- Tax on unocc
- Aim: to provi

5 La France n'est pas la seule à connaître la pauvreté et l'exclusion. Préparez-vous à faire un exposé en français de deux à trois minutes sur la situation en Grande-Bretagne telle qu'elle vous est présentée (**feuille 3**).

Mieux communiquer

- N'essayez pas de tout dire, ou votre audience sera un peu perdue. Identifiez les grandes lignes, puis illustrez-les par quelques exemples.

- Vous avez peu de temps? Minimisez l'emploi du dictionnaire. Exemples:
  - il n'est pas nécessaire de savoir dire *ethnic background* en français pour pouvoir présenter l'information donnée à ce sujet dans une des grilles;
  - pour parler de *people claiming income support, jobseeker's allowance and incapacity benefit*, vous pouvez simplement parler de personnes recevant des allocations;
  - pour parler de *reducing truancy*, vous pouvez dire qu'il faut encourager les jeunes à aller à l'école.

6 La loi (**activité 4 p85**) n'est pas la seule à s'attaquer à la pauvreté et à l'exclusion. Traduisez ce paragraphe en anglais.

La pauvreté, ça n'arrive pas qu'aux autres

Tandis que la crise économique des années 80-90 a plongé des millions de travailleurs peu éduqués et peu qualifiés dans le besoin ou carrément dans l'exclusion, d'autres qui se croyaient autrefois pour toujours à l'abri du besoin se sont soudain retrouvés en position de vulnérabilité. Bien sûr, plus de 15 millions de Français ont conservé leurs privilèges: fonctionnaires; professions libérales non menacées; entreprises et secteurs protégés ou non concurrentiels; retraités et préretraités. Cependant, même parmi eux, nombreux sont ceux qui ont vu leurs proches touchés par la précarité. D'où la forte croissance du bénévolat, même si les dons en argent ont diminué, en partie en réaction à la mauvaise gestion de certaines organisations caritatives. Parfois, ce sont même ceux qui ont traversé une période difficile qui se mettent ensuite à offrir leur aide aux désavantagés.

7 **A** Lisez l'article ci-contre et aidez-vous du contexte et d'un dictionnaire pour relever un maximum de vocabulaire sur la pauvreté, l'exclusion, la solidarité et le bénévolat.

B Ecrivez dix phrases vraies ou fausses basées sur l'article, puis échangez à deux.

La frénésie du bénévolat

Pour ceux qui ont du temps libre et un grand cœur, les occasions ne manquent pas d'aider les autres. Le volontariat est à la mode et les associations fleurissent de tous côtés, des mieux connues – comme les Restos du cœur – aux groupes de quartier qui cherchent parfois à s'attaquer non seulement à la précarité mais aussi à la solitude.

On compte aujourd'hui un taux de bénévolat qui implique 23% des adultes. Le domaine caritatif attire tout particulièrement les plus de 60 ans, qui ont du temps, représentent la tranche d'âge la plus aisée mais sont conscients de l'appauvrissement autour d'eux.

Coluche

Un des pionniers de l'action humanitaire dans la France contemporaine a été l'Abbé Pierre qui, en 1949, fondait Les Compagnons d'Emmaüs, une association dont les volontaires s'engagent à héberger les sans-logis. Pour répondre aux besoins de la communauté, les «compagnons» (tous des hommes), s'engagent à récupérer, recycler et réparer toutes sortes d'objets qui sont ensuite mis en vente.

La médiatisation des œuvres caritatives joue bien sûr un rôle non négligeable dans la prise de conscience et le désir d'entraide qui motive l'action sociale. Ainsi, il est difficile de ne pas connaître les Restos du cœur, une association créée en 1985 par le célèbre comique Coluche et toujours en première ligne de l'action sociale malgré la mort de son fondateur. Dans toute la France, des bénévoles collectent de l'argent et des dons alimentaires qui permettent à des milliers de démunis de bénéficier de repas chaque hiver. La tâche peut être dure: éviter les vols et les bousculades, contrôler les ivrognes ou encore refuser l'entrée à ceux qui dépassent le seuil de ressources autorisé.

Les Restos du cœur fournissent aussi une aide à la réinsertion qui permet aux individus marginalisés les plus démunis de se réintégrer dans la société. C'est pourquoi il existe maintenant des centres d'accueil ouverts toute l'année, où des volontaires peuvent aider les bénéficiaires à résoudre leurs problèmes administratifs ou juridiques ou à trouver une activité dans le cadre du RMI.

Ce ne sont pas seulement les Français hors du besoin qui se portent volontaires dans l'action caritative. Certains membres très actifs vivent eux-même dans la précarité, généralement après la perte d'un emploi à un âge où ils n'intéressent plus les employeurs. Le bénévolat devient alors pour eux une façon de retrouver une certaine dignité en aidant les autres.

Le parrainage est une autre forme d'action en plein essor. En plus du parrainage classique portant souvent sur les enfants du tiers-monde, on peut aujourd'hui parrainer un chômeur, un sans-papiers, un SDF, un apprenti ou un étudiant. En plus de l'aspect solidarité, ceci crée des liens entre les générations, ce qui est un moyen supplémentaire de renforcer la cohésion sociale. Presque 15 000 jeunes à la recherche d'un emploi sont parrainés chaque année, dont un tiers issus de l'immigration. Plus de 60% d'entre eux parviennent à accéder à un emploi ou à une formation professionnelle.

8 L'action humanitaire ne s'arrête pas à nos frontières.

A Ecoutez l'information sur Médecins sans Frontières et l'action humanitaire afin de compléter la transcription (**feuille 4**).

B Après une relecture, cachez le passage puis, à deux, improvisez des questions et réponses afin de tester votre compréhension et vos connaissances.

9 Dites si les commentaires **1–9** sont favorables ou défavorables au bénévolat.

1 《 Ça fait des assistés. Comment voulez-vous qu'ils se prennent en main quand ils ont seulement à ouvrir la bouche pour que ça leur tombe dedans? 》

2 《 Je me suis crevé toute ma vie pour gagner mon pain et j'ai jamais eu les moyens de m'offrir une voiture, alors je vois vraiment pas pourquoi je devrais maintenant me crever pour faire manger les autres. 》

3 《 Si j'étais dans la même situation que certains, ça ne me gênerait pas qu'on me tende la main. 》

4 《 Ceux qui préfèrent garder leurs mains dans leurs poches plutôt que de donner un sou ou deux, ils ne regardent vraiment pas plus loin que le bout de leur nez. On ne peut pas refuser d'agir et se plaindre ensuite que ceux qui n'ont rien se débrouillent par les vols et la violence. 》

5 《 Vous savez, les grands gagnants, dans le bénévolat, ce sont les gouvernements. Plus on vide nos poches, moins ils se sentent obligés de faire des efforts. 》

6 《 J'estime que les gouvernements devraient donner l'exemple, mais si on attendait après eux ce n'est pas ça qui résoudrait les problèmes. 》

7 《 Et pourquoi est-ce qu'on n'encourage pas la création d'emplois dans le secteur au lieu de faire appel à la bonne volonté des gens? 》

8 《 Il y a trop d'amateurs. Alors à quoi voulez-vous que ça serve? Ça fait des petits chefs qui croient que le pays ne peut pas se pa sser d'eux. 》

9 《 Ça peut profiter autant aux participants qu'aux bénéficiaires, ce qui n'est pas une mauvaise chose. Il y a beaucoup de retraités qui se retrouveraient bien seuls et inutiles s'ils n'avaient pas l'occasion d'offrir leur aide. Surtout ceux qui n'ont pas de famille près de chez eux. 》

10 «Dans le combat contre la pauvreté et l'exclusion, le bénévolat ne fait qu'encourager l'inertie parmi ceux qui en bénéficient ainsi qu'au niveau gouvernemental.»

A Discutez à plusieurs de la citation ci-dessus en vous efforçant de trouver un maximum d'arguments pour et contre. Vous pouvez vous inspirer des commentaires de l'**activité 9**, mais exprimez-les si possible avec vos propres mots.

B Faites seuls un plan de rédaction détaillé sur la citation ci-dessus. Appuyez votre opinion sur des exemples d'action humanitaire en France et dans votre pays.

C Rédigez votre introduction.

11 Dans le cadre d'un projet pré-universitaire en France, vous et vos compagnons avez gagné 10 000 euros, que vous souhaitez consacrer au bénévolat.

Vous allez être divisés en deux groupes:

a ceux et celles qui souhaitent donner cet argent à une association caritative au profit de la France;

b ceux et celles qui souhaitent le donner à une association au profit de l'étranger (par exemple à un pays en guerre).

Préparez-vous bien, car votre objectif sera de défendre votre point de vue le plus vigoureusement possible afin d'influencer le/la responsable du projet (votre professeur).

Mieux communiquer

Réfuter un argument

Soyez fermes… tout en restant polis.

Voici quelques expressions utiles à relier à leurs équivalents anglais.

1 Vous n'allez pas me faire croire que…	**a** Surely you can see that…
2 Peut-être, mais tout de même, …	**b** Maybe, but all the same…
3 Ça ne tient pas debout.	**c** You really think that…?
4 Vous voyez bien que…	**d** Come on…
5 Ça me paraît difficile à accepter.	**e** I find it hard to accept.
6 Vous pensez vraiment que… (+ subj.)?	**f** Surely you are not telling me that…
7 Ça m'étonnerait que… (+ subj.)	**g** This is out of the question.
8 Mais enfin…	**h** I doubt…
9 Vous avez tort de…	**I** You are wrong to…
10 C'est hors de question.	**j** It doesn't make sense.

Bilan

Entre autres choses, vous devriez maintenant savoir:

– parler des thèmes liés à l'évolution des valeurs, à l'exclusion et à la solidarité
– mieux maîtriser les pronoms relatifs
– mieux maîtriser l'accord des participes passés
– mieux réfuter un argument.

Techniques de travail

Examen - Mieux réviser (2)   EXAMEN

● Faites le point sur le genre d'activités utiles à maîtriser, qui peuvent varier selon l'examen.
Exemple:

Activités de lecture:

– remplacer des mots par des synonymes
– compléter un texte à trous
– rassembler des moitiés de phrases
– remettre des paragraphes dans l'ordre
– expliquer un extrait avec vos propres mots
– répondre à des questions en français/anglais
– résumer un passage en français/anglais
– traduire un passage en anglais.

● Cherchez à bien comprendre pourquoi certains genres d'activités vous causent des problèmes.
Exemples:

– remplacer des mots par des synonymes: vous ne connaissez pas suffisamment de vocabulaire, par exemple en ce qui concerne le vocabulaire d'ordre général (désormais = dorénavant; par contre = d'un autre côté)
– compléter un texte à trous: vous faites trop attention aux mots individuels et pas assez à la structure d'ensemble des phrases.

A Préparez un exposé sur une œuvre caritative française mentionnée ou non dans cette Unité, en faisant par exemple des recherches sur Internet.

Après votre exposé, votre professeur vous posera quelques questions pour avoir plus de précisions ou pour élargir le sujet.

B Après avoir reçu les commentaires de votre professeur sur votre plan (**activité 10**, **p89**), rédigez votre rédaction.

Question d'image

Sujets traités	Points langue	Mieux communiquer	Techniques de travail
La consommation Le marketing La publicité	Le futur antérieur *Could, should,* *would...*	Faire l'interprète	Conseils d'examen

PlayStation

La consommation, c'est fou!

1 **A** A plusieurs, vérifiez si vous comprenez ce vocabulaire en vous aidant le moins possible d'un dictionnaire, puis entraînez-vous à le mémoriser en vous testant les uns les autres du français à l'anglais – ou l'inverse.

> la consommation – la société de consommation – un consommateur – consommer – la pub(licité) – le niveau de consommation – une pub(licité) – faire de la pub(licité) pour... – un publicitaire – un spot publicitaire – une campagne publicitaire – une agence publicitaire – le marketing – une technique de marketing – le marché – lancer un nouveau produit – faire connaître un produit – la marque d'un produit – la concurrence – faire concurrence à... – un achat – la mode – un emballage

B Complétez les phrases **1–7** à l'aide du vocabulaire ci-dessus. N'oubliez pas de faire les accords nécessaires.

1 Le _____ dépend en grande partie du climat socio-économique.

2 De nos jours, il est inutile de _____ sans investir suffisamment dans une _____.

3 Les _____ sont rarement conscients des _____ utilisées dans le but d'encourager des _____ pas toujours essentiels.

4 La _____, en changement perpétuel, est un des facteurs clé qui encouragent la _____.

5 De nombreux _____ exploitent l'influence des enfants sur _____ des parents.

6 De nos jours, il devient rare qu'_____ se vende très bien sans une _____ élaborée dans tous ses détails par toute une équipe de _____ de réputation nationale ou internationale.

7 Bien souvent, dans ce qui motive un achat, l'_____ est bien plus important que le _____ lui-même.

2 **A** La consommation évolue constamment. Notez les raisons données dans la discussion enregistrée en quatre catégories, en essayant d'abord de faire des prédictions.

Exemple: **c** *Plus de temps libre*

a changements économiques/financiers

b changements démographiques

c changements de mode de vie

d changements de valeurs

B Passez à la **feuille 1** pour consolider les connaissances que vous venez d'acquérir.

3 A deux, aidez-vous de vos notes (**activité 2**) pour pratiquer une interview sur les facteurs qui font évoluer la consommation. Pratiquez le rôle de l'intervieweur et de l'interviewé et parlez au maximum, en inventant par exemple des détails supplémentaires.

Pour jouer l'interview, vos notes devront ensuite se limiter à 20 mots maximum.

4 Consommer s'apprend.

A Lisez l'article ci-contre et remplacez **1–5** (paragraphe **1**: «Vous êtes jeune...») par des expressions de même signification en vous aidant du contexte au maximum.

1 Côté fringues

2 ils fleurissent partout

3 sachez que

4 sur-le-champ

5 tout rond

Techniques de travail

La structure des expressions 1-6 (EXAMEN) devrait vous guider, et cette activité devrait donc vous aider à comprendre le premier paragraphe sans dictionnaire.

B Cherchez des synonymes de **1–6** dans les paragraphes **4–7**: «Alors, ça vous tente?...»

1 contiennent énormément de

2 solde à outrance

3 tel que

4 il ne s'agit plus de

5 une sélection complète

6 Pensez aussi à...

C Expliquez les points de grammaire en caractères gras (paragraphe **1**: «Vous êtes jeune...,» et paragraphe **5**: «Un dernier mot...»).

1 **Ayez** le réflexe troc

2 les vêtements que vous n'avez jamais aimé**s**

3 vous attendez que le magasin dépôt-vente **réussisse**

4 les 200 titres qui ont déjà été publié**s**

D A part le «consommateur futé» de l'article, quels autres types de consommateurs connaissez-vous? Quel genre êtes-vous et quel genre aimeriez-vous être? Discutez-en à plusieurs.

Consommateurs, soyez futés!

Après les années "j'achète tout!" d'avant la crise, et malgré les signes très nets de relance économique, le passage au nouveau millénaire s'est illustré par un retour à la prudence parmi les consommateurs.

Vous êtes jeune et vous souhaitez consommer intelligent? Alors ces conseils vous sont destinés, en commençant bien sûr par ce qui vous préoccupe le plus: quoi porter! Côté fringues, ayez le réflexe "troc" en achetant dans un dépôt-vente. Ce n'est pas difficile: ils fleurissent partout! Et sachez que vous pouvez même y vendre les vêtements que vous n'avez jamais aimés ou qui ne vous vont vraiment, mais vraiment pas du tout. La méthode est simple: vous déposez les vêtements en question et vous attendez que le magasin dépôt-vente réussisse à les vendre et vous verse la somme acquise - moins une commission. Mieux encore: si les vêtements en question plaisent particulièrement au dépôt-vente, on vous les achètera sur-le-champ, sans attendre qu'un client ne fasse son apparition. Si vous souhaitez acheter, profitez tout simplement du système dépôt-vente dans l'autre sens, en payant 50 F tout rond (et parfois moins!) un jean qui vous coûterait 400 F ou plus en magasin.

Même chose en ce qui concerne les livres, les BD, les CD et les jeux vidéo. Grâce aux dépôts-vente, vous payerez aisément le quart du prix initial ou moins, autrement dit trois fois rien. Vous réussirez peut-être même à trouver l'album qui manquait à votre collection.

N'allez surtout pas croire que les produits soient de mauvaise qualité, car les dépôts-vente ne peuvent pas se permettre de stocker des articles invendables. De plus, si vous vous attendez à ce que les dépôts-vente ressemblent plus à des souks qu'à des magasins, là aussi vous serez surpris. En fait, ils ont de plus en plus tendance à se spécialiser dans certains styles, ou selon l'âge ou le sexe des clients qu'ils recherchent.

Alors, ça vous tente? Dans ce cas, rien de plus simple! Depuis quelques années, les dépôts-vente fourmillent de produits irrésistibles dans toutes les villes de France. Pour les trouver, il suffit de taper sur votre Minitel, de faire les Pages Jaunes de l'annuaire ou de vous promener sur Internet.

Un dernier mot côté culture: la collection "Livres à 10 francs" de la maison d'édition Librio casse les prix dans la mesure où, comme son nom l'indique, elle se compose uniquement de bouquins vendus 10 F. Parmi les 200 titres qui ont déjà été publiés, signalons au passage la série "Librio noir" pour ceux d'entre vous qui apprécient les polars... inhabituels.

Si c'est la beauté qui vous préoccupe, plus question de payer le prix fort pour un rouge à lèvres ou une crème hydratante en grand magasin ou en magasin spécialisé. La prochaine fois que vous passerez devant un magasin Séphora, n'hésitez pas à y entrer, car cette chaîne de distribution vous offre une gamme de produits de beauté à des prix imbattables.

Ne manquez pas non plus d'économiser sur votre coupe de cheveux en vous adressant aux écoles de coiffure. Celles-ci sont constamment à la recherche du client pour permettre aux étudiants en dernière année d'apprentissage d'acquérir un maximum d'expérience. Qu'il s'agisse d'une coupe ou d'une teinture, votre porte-monnaie s'en sortira sans conséquences catastrophiques.

Enfin, pour vos achats en tous genres, n'oubliez pas de profiter des soldes de janvier et de juillet.

acheter 'plein pot' = acheter au maximum
fouiner = chercher
une teinte = une coloration
le réflexe 'troc' = le réflexe d'échanger
avoir le coup de foudre (pour...) = tomber amoureux (de...)
des bouquins (*fam*) = des livres
des fringues (*fam*) = des vêtements
une friperie = un magasin de 'fringues' bon marché

5 De nos jours, de plus en plus souvent, qui dit cadeau dit cyber-cadeau.

Complétez l'article ci-contre à l'aide de **1–8**.

1	la / lui / les / leur	**5**	en fait/en effet/de fait
2	celles/elles/leur	**6**	ainsi que/de même/tels que
3	lui/leur/ceux	**7**	bien que/même/malgré
4	les/leur/lui	**8**	Quand aux/Quant aux/Quand à

«CADEAUX-SUR-WEB»

Noël? Fête des pères? Anniversaire? Que **(1)** offrir? Si vous êtes de **(2)** ou de **(3)** qui ont horreur du shopping en ville le samedi après-midi, offrez-**(4)** un cadeau-Web. Et si papa et maman ne sont toujours pas branchés sur le réseau, rendez-vous tout simplement au cyber-café en bas de la rue.

Installez-vous confortablement et parcourez les galeries marchandes en toute tranquillité. **(5)**, une multitude de sites vous proposent leurs rubriques shopping, qui peuvent aller du parfum ou du roman best-seller aux objets de maison ou au tout-dernier DVD... en passant par certains cadeaux plus ésotériques.

Non seulement les rubriques sont classées par thème, mais elles donnent même des idées à ceux qui n'en ont pas. Il vous suffit d'indiquer les goûts de la personne en question **(6)** votre budget. Parmi les cadeaux les plus en vogue actuellement, il faut signaler la carte postale électronique, **(7)** si elle manque peut-être un peu de chaleur humaine. **(8)** produits classiques, il suffit de les choisir comme sur un catalogue, de passer sa commande électronique... et d'attendre l'arrivée du paquet!

6 On achète pour répondre à ses besoins et à ses désirs, et peut-être aussi parfois pour d'autres raisons exploitées, bien sûr, par les fabricants et les publicitaires.

Ecoutez le débat entre une future mère, Mme Gaudin, et un fabricant de produits pour bébés, M. Fontanel, et notez les points suivants en anglais.

1 Information given by Mme Gaudin about product samples.
2 M. Fontanel's response.
3 Product mentioned by Mme Gaudin to highlight the excesses of the profession.
4 M. Fontanel's counter-arguments (name three).
5 Why Mme Gaudin considers his response dishonest.
6 The way manufacturers address the birthrate issue according to Mme Gaudin.
7 M. Fontanel's response (two arguments).

7 Imaginez que vous êtes M. Fontanel ou Mme Gaudin (**activité 6**). Préparez-vous à défendre votre position oralement (1–2mn) en vous entraînant à reformuler les arguments mentionnés dans le débat à l'aide de quelques notes seulement.

8 Oralement ou par écrit, inspirez-vous de la grille ci-dessous pour décrire assez brièvement l'évolution des dépenses ménagères des Français.

Le budget des ménages

Evolution de la structure des dépenses des ménages (en %, calculés en prix courants):

	1960 (en %)	1970 (en %)	1980 (en %)	1990 (en %)	1997 (en %)	1997 (en francs par ménage)
Produits alimentaires, boissons et tabac	33,3	26,0	21,4	19,3	17,9	37 064
Habillement (y compris chaussures)	11,0	9,6	7,3	6,5	5,2	10 757
Logement, chauffage, éclairage	10,4	15,3	17,5	19,3	22,5	46 506
Meubles, matériel ménager, articles de ménage et d'entretien	11,0	10,2	9,5	7,9	7,3	15 174
Services médicaux et de santé	5,0	7,1	7,7	9,5	10,3	21 191
Transports et communications	11,6	13,4	16,6	16,7	16,3	33 596
Loisirs, spectacles, enseignement et culture	6,0	6,9	7,3	7,6	7,4	15 353
Autres biens et services	11,7	11,5	12,7	13,2	13,1	27 051
CONSOMMATION TOTALE (y compris non marchande)	100,0	100,0	100,0	100,0	100,0	206 692

 9 Inspirez-vous du sondage de rue enregistré pour écrire 250 mots dans lesquels vous développerez les points suivants:

– la manière dont la consommation change le look des villes

– la manière dont elle change notre quotidien

– ce que vous en pensez.

Planète pub

1   Les publicitaires cherchent constamment l'argument pour faire vendre et savent que certains produits répondent autant (ou plus!) à l'imaginaire qu'au besoin.

Un exemple: qu'est-ce qui vous motive dans l'achat d'un vêtement? Discutez-en à plusieurs.

> *... son prix ...*
>
> *... son utilité ...*
>
> *... sa marque ...*
>
> *... son confort ...*
>
> *... sa durabilité ...*
>
> *... son esthétisme ...*
>
> *... le rêve qu'il fait naître ...*
>
> *... le message ou le style de vie qu'il projette ...*
>
> *... son accessibilité (bons réseaux de distribution) ...*
>
> *... la beauté (ou l'humour, l'audace, etc.) de l'annonce publicitaire ...*

2   Les Français ne boivent pas que du vin, et les publicitaires s'en réjouissent.

Traduisez ce paragraphe en bon anglais.

Eau minérale, eau de source, eau purifiée... A une moyenne de 121 litres par personne, les Français consomment environ 7 milliards de litres d'eau en bouteille par an, et un Français sur trois ne boit déjà plus d'eau du robinet. A eux seuls, les trois plus grands groupes vendent plus de 90 marques différentes sur les 200 disponibles sur le territoire, avec en vedettes Perrier, Evian et Vittel. D'où le combat impitoyable au cœur duquel, bien sûr, s'activent les publicitaires.

A Transcrivez le court passage enregistré basé sur l'extrait de spot Evian p96.

B Quel message le spot Evian veut-il faire passer? Discutez-en à plusieurs.

C Comparez l'extrait de spot Evian à la publicité Perrier ci-contre, puis expliquez en 50 mots lequel des deux documents vous préférez.

D Les arguments Evian et Perrier ne sont pas les seuls à faire vendre de l'eau. Selon vous, pourquoi cette passion pour l'eau en bouteille, qui finit peu à peu par gagner la planète? Discutez-en puis concluez par écrit (60 mots maximum).

4 Dans la guerre des grandes marques, il arrive que les consommateurs se fatiguent. Complétez l'article de la **feuille 2**.

Point langue

Pouvoir, devoir, vouloir, savoir

Avec ces verbes, faites très attention au contexte afin de choisir le temps approprié.

- **pouvoir**

  I couldn't finish on time.
  Je n'ai pas pu finir à temps.

  You could try tomorrow.
  Tu pourrais essayer demain.

  When he was little, he could never concentrate.
  Quand il était petit, il ne pouvait jamais se concentrer.

- **devoir**

  You should advertise.
  Vous devriez faire de la publicité.

  He always had to stay in.
  Il devait toujours rester à la maison.

  She had to leave after two weeks.
  Elle a dû partir au bout de deux semaines.

- **vouloir**

  They always wanted to be right.
  Ils voulaient toujours avoir raison.

  I tried, but they refused to play the game.
  J'ai essayé, mais ils n'ont pas voulu jouer le jeu (= ils ont refusé de…).

- **savoir**

  I failed to convince her.
  Je n'ai pas su la convaincre
  (= Je n'ai pas réussi à…)

  I knew he would let them down.
  Je savais qu'il les laisserait tomber.

5 D'après vous, le dessin pourrait illustrer une campagne publicitaire pour quel type de produit ou d'organisation? Et la photo? Discutez-en à deux, puis justifiez, comparez et évaluez vos choix tous ensemble.

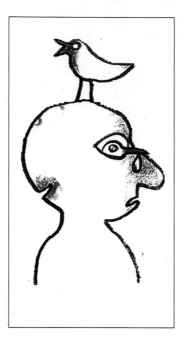

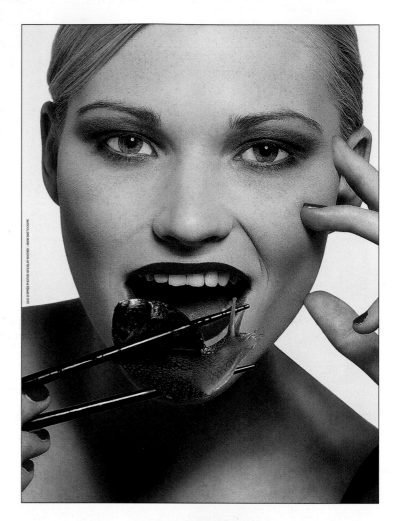

6 Votre professeur va vous interviewer sur la publicité ci-contre et sur le thème qu'elle illustre. Préparez-vous en réfléchissant, par exemple, aux points suivants:

– le but de cette publicité

– le marché auquel elle s'adresse

– les arguments utilisés – ou non utilisés – pour vendre ce produit

– les procédés visuels utilisés

– votre opinion sur cette publicité

– votre opinion sur l'impact de la publicité en général sur votre génération.

7 Pour mieux vendre, le marketing fait appel aux sociologues afin de détecter les courants dominants, mais à chaque groupe de sociologues éminents sa classification. En voici une... parmi d'autres.

A Essayez de faire correspondre **1–6** à **a–f**, peut-être par un processus d'élimination.

1 Les «surviveurs»
2 Les «optimiseurs»
3 Les «surfeurs»

4 Les «enracinés»
5 Les «organisateurs»
6 Les «prescripteurs»

a Ruraux d'un certain âge menant une vie isolée, possédant des revenus limités et privilégiant les produits bon marché (23% de la population).

b Jeunes sous-qualifiés aimant vivre en groupes et enclins à rejeter la société de consommation (23,5%).

c Une génération 15-30 ans hyper-diplômée, fana de supermarchés et fascinée par les nouvelles technologies (18,5%).

d Patrons ou cadres supérieurs aisés mais consommant par nécessité plutôt que par plaisir (17,5%).

e Français moyens aimant exercer un contrôle sur leur vie et acheter "intelligent", privilégiant d'ordinaire l'utile à l'agréable (9,5%).

f Consommateurs débrouillards avides de soldes et champions des cartes de fidélité leur garantissant des réductions (8%).

B Et vous? Où vous classez-vous? Si vous ne vous reconnaissez dans aucune des descriptions, inventez-en une en adoptant la même structure que ci-dessus, puis comparez avec le reste de votre classe.

8 A Remettez les phrases de cet article dans le bon ordre (la première et la dernière phrase sont déjà en place).

Sondages et marketing

De nos jours, un fabricant ne peut pas se permettre de lancer un produit sans se préoccuper d'abord d'identifier avec un maximum de précision les désirs de ses clients potentiels.

a Avant de lancer son produit, il fait donc appel à des professionnels du marketing dont le rôle est de déterminer le client-cible de A jusqu'à Z: âge, sexe, profession, mentalité, type de loisirs, comportement d'achat, etc.

b Il doit donc se baser sur sa connaissance du marché, d'abord pour décider du produit à concevoir, puis pour déterminer sa stratégie de vente.

c Pour cela, l'équipe marketing emploie tous les moyens: sondages, études de marché, ou même interviews avec des psychologues afin de mieux «cerner» le client.

d Son objectif de départ est évidemment de réussir à vendre son produit à un maximum de consommateurs.

e Un autre outil très en vogue est l'enquête de motivation, maintenant considérée comme essentielle dans la mesure où les véritables motivations du client sont parfois inconscientes.

Ces enquêtes permettent de situer avec encore plus de certitude les types de clients, leurs goûts, leurs habitudes et leur manière d'acheter.

B Comparez et justifiez vos choix tous ensemble.

9 Ecoutez les commentaires enregistrés **1–5**, basés sur l'article **p99**. Lesquels sont faux? Justifiez vos décisions.

10 Passez à la **feuille 3A**, qui porte sur une voiture lancée par Renault vers le début des années 90.

122 WWT 92

Le futur antérieur

- Dans cet extrait de la **feuille 3A**, la structure verbale, au futur antérieur, est identique à l'anglais: verbe «avoir» au futur + participe passé.

  Une campagne qui **aura coûté** la maigre somme de 86 millions de francs...
  A campaign that will have cost...

- L'exemple suivant utilise l'auxiliaire «être»:

  Le temps qu'il arrive, elle **sera** déjà **partie**.
  By the time he arrives, she will already have left.

- Autres exemples: voir **p137**.

11 A Assurez-vous d'avoir bien étudié les exemples **p137** sur le futur antérieur, puis passez à la **feuille 3B**.

B Improvisez des phrases contenant la structure ci-dessous soit avec le futur, soit avec le futur antérieur. Basez-vous par exemple sur de futurs produits de consommation ou sur les thèmes de l'Unité 4.

D'après moi, d'ici..., on...

Exemples:
D'après moi, d'ici l'an 2020, on aura trouvé un remède pour le sida.
D'après moi, d'ici peu, on pourra guérir le sida.

Essayez de ne pas toujours utiliser les mêmes verbes.

12 Ecoutez l'enregistrement et faites l'interprète entre une journaliste parlant anglais et un publicitaire parlant français. Le début est fait pour vous:

> *First of all, thank you for granting me this interview.*

> *Tout d'abord, merci de m'accorder cette interview.*

> *Mais, je vous en prie. Je pense que nous pouvons commencer.*

> *It is my pleasure. I think we can start.*

France Télécom.
L'an 2000,
c'est vous, c'est nous.
Devenez actionnaire.

France Telecom

Mieux communiquer

Faire l'interprète

Faire l'interprète nécessite une traduction instantanée.

- Points essentiels:
  - respecter au maximum le message de vos interlocuteurs
  - vous faire comprendre, peut-être malgré une langue imparfaite.
- Vous ne comprenez pas votre interlocuteur français à 100%?
  - traduisez ce que vous pouvez
  - utilisez votre bon sens pour compléter.
- Il vous manque des mots pour traduire en français? Paraphrasez.

Exemple:
Your aim is to sell at any cost.
Pour vous, il est très, très important de vendre, c'est essentiel.

13 Ecrivez environ 250 mots sur un de ces trois thèmes:
- «La publicité? On ne peut plus s'en passer!»
- «Les publicitaires vont-ils trop loin?»
- Imaginez une personne tellement influencée par les messages publicitaires que, consciemment ou non, ceux-ci lui dictent ses choix et son style de vie, destiné à projeter l'image voulue. Ecrivez au présent ou au passé, en décrivant des moments de sa vie ou d'une journée typique.

On fait de la pub?

1 Dans l'extrait **p103** Jacques Séguéla, un publicitaire très célèbre, décrit la pub de demain. Lisez l'extrait et complétez l'information **1–10**.

Du consommateur au consom-acteur

1 A l'avenir

 a la publicité deviendra plus individualisée.

 b la publicité ciblera des groupes de consommateurs plus généraux.

2 La multitude de chaînes télévisées

 a permettra de personnaliser les messages publicitaires avec plus de précision.

 b permettra d'atteindre un plus grand nombre de consommateurs.

3 Les spots publicitaires devront coûter moins cher

 a pour faire baisser le prix des produits, et donc encourager la vente.

 b pour permettre de créer plus de produits, pour une plus grande variété de clients.

4 En dépensant moins en publicité, Citroën

 a a eu raison.

 b a eu tort.

Fils de multimédia

5 Qu'est-ce qui se fera de plus en plus vite?

6 Expliquez par un ou deux adjectifs dans quel sens évolueront les publicités filmées.

7 Qu'est-ce qui comptera autant - ou plus – que le produit dans la publicité électronique?

De la création à la cré-réaction

8 L'activité des publicitaires deviendra

 a plus vaste.

 b plus étroite et spécialisée.

9 J. Séguéla

 a nous met en garde contre un des dangers de la pub électronique.

 b nous rassure au sujet d'un des dangers de la pub électronique.

10 Dans cet article,

 a on sent J. Séguéla inquiet de l'avenir des métiers de la publicité.

 b on le sent enthousiaste envers les changements pour la plupart déjà perceptibles.

 c il nous donne une vision de l'avenir publicitaire sur un ton objectif.

2 Aidez-vous uniquement des prédictions de Jacques Séguéla pour traduire ce passage.

> In future, consumers will be affected by the influence of cable TV over advertising. As a result of interactive channels, advertising campaigns will be able to focus on more specific consumer groups. What used to take six months to prepare will have to be ready a lot more quickly. This will be made easier by the use of virtual technology, which will make real studios and real scenery unnecessary.

MULTIMÉDIA OU MULTIFRIME?

Du consommateur au consom-acteur

La grande révolution touchera le consommateur, et tout autant les agences. La société de masse cédant la place à la société de personnes, la publicité de mass-média va en partie s'effacer au profit de la publicité ciblée. (...) Premier vecteur de ces pratiques: l'éclatement des télévisions. Dans dix ans, dix fois plus de chaînes seront accessibles à chacun, dont des chaînes cablées interactives. Conséquence: les campagnes vont elles aussi éclater en spots déclinés selon les différentes clientèles. Ils devront donc coûter moins cher et être obligatoirement interactifs. Depuis 1993, nous avons doublé le nombre annuel de spots Citroën tout en diminuant par deux leur coût. Dans le même temps, les parts de marché du constructeur sont passées de 10% à 13%.

Fils de multimédia

La rapidité de création va se faire obligation. Ce qui se faisait en six mois se fera en six semaines. Ce qui se faisait en six semaines, en six jours, et en six jours, six heures. Les *"art directors"* devenus des *"digital art developers"* et les rédacteurs désormais *"content specialists"* ne travailleront plus qu'ordinateur en main et tourneront leurs films en studios virtuels, utilisant des décors de synthèse préexistants. Seuls les acteurs seront réels. L'édition électronique aura ses directeurs artistiques, responsables de «l'architexture», comme de la «déco» des CD-catalogues et de l'environnement des serveurs ou des adresses Internet (...).

De la création à la cré-réaction

Parallèlement les «infomercials», le télé-achat, l'achat direct, se développeront: la pub se fera business, allant jusqu'à stocker ses produits, les vendre et les livrer. La vidéo et le son peuvent être transmis en temps réel (...) et la visite d'une galerie marchande virtuelle, caddy non moins virtuel en main, est d'ores et déjà possible. (...) La pub *"on line"* va se développer, mais attention: impossible aujourd'hui de glisser d'insidieux «tracts virtuels» dans la boîte aux lettres d'un internaute (...). Les petits malins qui ont essayé ont vu leur adresse immédiatement inscrite sur liste noire (...).

3 Imaginez que vous travaillez en collaboration avec une équipe qui a pour objectif de lancer un produit typique de votre pays à grande échelle en France. Votre professeur vous suggérera certains produits si nécessaire.

A Après avoir choisi un produit:
- discutez de ses avantages pour différents types de consommateurs potentiels
- décidez en conséquence à quels consommateurs adresser votre campagne de marketing en particulier (tranche d'âge, catégorie socio-professionnelle, etc.)
- discutez des obstacles possibles à la commercialisation de ce produit en France
- sélectionnez des arguments clé à utiliser dans votre campagne publicitaire
- préparez une publicité-radio pour faire vendre ce produit en France
- s'il vous reste du temps, commencez à élaborer une publicité visuelle.

B Préparez-vous, seuls ou à plusieurs, à convaincre le/la représentant(e) d'une chaîne d'hypermarchés française (votre professeur) de commercialiser ce produit à grande échelle.

Bilan

Entre autres choses, vous devriez maintenant savoir:

- – mieux parler des facteurs d'évolution de la consommation en France
- – mieux parler des techniques de marketing
- – employer le futur antérieur
- – employer les verbes pouvoir/devoir/savoir/vouloir aux temps appropriés
- – mieux pratiquer l'interprétariat.

Techniques de travail

Dans l'examen EXAMEN

- • Lisez très précisément les questions et les instructions.
- • A l'écrit, relisez fréquemment le titre de rédaction choisi afin d'éviter
  - – de répondre à côté de la question
  - – d'en oublier certains aspects.
- • Prenez le temps de planifier votre travail écrit.
- • Réservez du temps pour vérifier la qualité de votre travail écrit (grammaire, etc.), même dans les activités de lecture et d'écoute.
- • Dans les activités de lecture et d'écoute, répondez dans la langue qu'on vous demande (parfois en anglais).

A Préparez-vous à faire oralement l'analyse de la publicité ci-contre, de la publicité France Télécom **p101** ou d'une publicité en français de votre choix, comme pour l'**activité 6, p98**.

B **a** Faites un plan de rédaction détaillé sur le thème ci-dessous et rédigez votre introduction et votre conclusion. Vous pouvez lire les extraits de la **feuille 4** afin de stimuler votre pensée.

«Sexisme, images choc, enfants cibles, la publicité va trop loin et devrait faire l'objet de contrôles plus rigoureux.»

b Votre professeur va maintenant vous interviewer sur votre plan de rédaction.

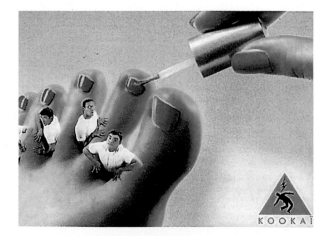

La culture à toutes les sauces

Sujets traités	Autres objectifs
Loisirs et culture **Culture et identité nationale** **La chanson a son mot à dire**	**Pratique intensive des techniques d'examen**

Loisirs et culture

1 Pour certains, «culture» signifie «loisirs» et les Français consacrent une partie croissante de leur temps libre aux activités culturelles. Essayez de deviner les réponses **a–e** sur ce thème, puis vérifiez vos réponses à l'aide de la cassette.

a Les Français passent 5/4/3 heures par jour devant la télévision.

b Depuis les années 50, le cinéma est devenu plus/moins populaire en France.

c La technologie exerce une influence importante/négligeable sur le nombre de Français qui participent à des activités culturelles.

d En 15 ans, le nombre de visiteurs dans les musées nationaux a presque doublé/a été réduit de moitié.

e La popularité du théâtre moderne en France est en baisse/en hausse.

2 Réécoutez l'enregistrement et notez tous les mots ou expressions qui font référence à :

a une réduction
Exemple «...a régressé»

b une croissance
Exemple «une hausse de....»

3 Expliquez les extraits suivants, tirés de l'enregistrement précédent, par vos propres mots.

a le passage au numérique

b le cinéma a régressé devant l'essor de la télévision

c le pays européen le plus cinéphile

d combattre cette désaffection du public

e la culture virtuelle

4

A Le grand public participe assez peu aux activités culturelles. Prenez des notes sur l'interview (section A) pour en donner ensuite un compte-rendu oral par vos propres mots.

B Ecoutez la section B puis expliquez l'expression «la démocratisation de la culture».

C Résumez en 100 mots maximum les mesures prises par le gouvernement pour «démocratiser» la culture (section B).

Matisse, Intérieur, bocal de poissons rouges

5 Traduisez ces phrases, contenues dans l'interview ci-dessus.

a Are cultural pursuits accessible to all French people?

b Most French people think that the theatre is an expensive pastime.

c 25% of farm workers have never been to a museum in their lives.

d Their lack of knowledge about culture is seen as a major obstacle.

e Cultural activities are too far removed from their daily concerns.

f Remember that 30% of visitors would never have come to the Louvre were it not for the free entrance.

6 A deux, oralement, retrouvez de mémoire les points essentiels de l'interview.

Le hall du Musée d'Orsay

7 Egalité, cinéma, démocratie sont les mots qui ornent la façade du dernier cinéma créé à Paris par Marin Karmitz, producteur. Lisez cet extrait d'interview et expliquez oralement ce qu'il espère réaliser en créant des lieux culturels dans des quartiers populaires ou défavorisés.

Le cinéma peut changer la vie (...)

Cette idée de faire du cinéma un lieu de vie, capable de transformer des quartiers abandonnés ou en friche en leur amenant de la gaieté, des échanges, que je n'ai pas pu appliquer dans toutes mes salles pour des raisons liées à leur architecture, j'ai pu la réaliser récemment dans le XIXe arrondissement. Là, j'ai trouvé un endroit admirable, d'anciens hangars à bateaux, dont nous avons fait un lieu très original, au bord du canal de la Villette, avec six salles bénéficiant des derniers équipements et doublées de deux restaurants, dans un quartier qui n'avait plus aucune salle après en avoir compté une vingtaine dans les années 60.

Et c'est un succès fabuleux dans ce quartier très populaire, où passer des films d'art et d'essai en version originale paraissait complètement fou. Ces salles auront accueilli en un an 400 000 spectateurs, ce qui dépasse largement nos prévisions. Et, plus important encore peut-être, ce quartier qui était le symbole de la drogue et de l'insécurité à Paris est redevenu fréquentable, la drogue a disparu, les gens sortent de nouveau le soir, ils ont retrouvé confiance dans le quartier et ils sont fiers d'habiter là. Une certaine approche, dans le respect des gens et de la création, peut transformer la vie, c'est pour moi un symbole très fort.

« Regards, désirs, liberté, comédie, avenir... » Les mots avec lesquels Marin Karmitz parlent du septième art ont été mis en scène sur la façade du cinéma *14-Juillet sur Seine* par le graphiste Claude Maggioni, à côté de tirades célèbres extraites des films de J.-L. Godard, B. Wilder, O. Welles, F. Fellini, P. Leconte, M. Scorcese, M. Carné ou A. Resnais. Le réseau des 14-Juillet est le seul à consacrer plus de la moitié de ses séances à la diffusion de films non américains.

8 Loin de se limiter aux musées, au théâtre ou au cinéma, le mouvement de «démocratisation» de la culture touche également la télévision, loisir «culturel» le plus populaire parmi les Français.

A Lisez rapidement l'article ci-dessous (3mn) et dites quel en est le thème d'ensemble.

B Traduisez **1–5** en vous aidant uniquement des paragraphes **1–3**.

1 anyone
2 with limited resources
3 transmission, broadcasting
4 to waste no time in…
5 to mention, to refer to

C Donnez un titre à chaque paragraphe: ne faites pas de phrases complètes!

D Lisez vos titres à haute voix et demandez à votre partenaire d'identifier le paragraphe correspondant.

E Ecoutez les commentaires **1–6**, basés sur l'article, et corrigez ceux qui sont faux.

La télé, c'est nous!

Avec les télévisions de proximité, la télé…c'est nous tous, ou presque.

Après l'apparition fulgurante des radios libres dans les années 80, voici maintenant les télés de proximité, aussi appelées télés de quartier. La qualité et le prix abordable du matériel vidéo permettent en effet à tout un chacun de réaliser des programmes amateurs avec peu de moyens, ce qui explique que, fin 98, la France comptait déjà 140 télévisions locales.

La diffusion peut se faire de quatre manières: télé hertzienne, télé sur câble, télé sur cassette (à transmettre par magnétoscope dans des lieux publics tels que la poste ou la mairie), ou encore antenne collective (pour diffuser sur un quartier ou un immeuble). Films, bulletins d'info, tout est bon.

A ceux qui se demanderaient à quoi ça peut servir, les faiseurs de programmes amateurs ont vite fait de répondre que grâce à eux naissent ou renaissent des liens sociaux à une époque où l'on a parfois bien du mal à connaître la tête de son voisin. On ne peut s'empêcher d'évoquer, entre autres, le parallèle entre le succès de ces nouvelles télés et le mouvement associatif qui se développe de manière remarquable depuis le milieu des années 90.

Evidemment, les chaînes de proximité ne sont pas sans soulever certaines objections du côté de médias plus traditionnels tels que la presse régionale, qui craint de voir s'effondrer sa part de revenu publicitaire. A cela s'ajoute l'inquiétude du fait de la prolifération des chaînes pirates. Les plus optimistes, quant à eux, croient que bon nombre de ces télés de quartier auront beaucoup de mal à s'auto-financer à long terme et sombreront vite dans l'oubli.

La France est loin d'être championne de la télé de proximité, car c'est depuis 1985 que la Belgique reconnaît l'existence de télés locales. Quant à l'Allemagne, elle impose depuis longtemps aux chaînes nationales de faciliter l'instauration de chaînes de proximité, et ceci dans le but de développer l'information et la culture locales et régionales.

Au lieu d'écouter les pessimistes, la France ferait donc bien de se montrer à la hauteur de son esprit libertaire en rattrapant ses voisins européens, c'est-à-dire en profitant du passage au numérique pour «libérer les ondes» et donner aux régions et aux quartiers les moyens d'une réussite exemplaire.

9 A deux, préparez un dialogue entre quelqu'un qui veut «faire de la télé» et un(e) journaliste l'interviewant sur l'attrait de cette forme d'art et sur les problèmes à surmonter.

10 Les personnes âgées représentent une proportion non négligeable des téléspectateurs - mais que regardent-elles et qu'en pensent-elles? Comparez la **feuille 1A** avec l'enregistrement en cochant les données exactes et en corrigeant les erreurs.

11 **A** Et les jeunes ? Comment peuvent-ils profiter au mieux de la télévision ? Ecoutez les experts puis résumez leur pensée en complétant **1–5**.

Les moyens techniques et financiers sont très éloignés de ceux des télévisions, comme France 2 ou TF1. Cela n'empêche pas ces chaînes d'aborder des sujets visibles nulle part ailleurs...

    1 _____ exercent une influence énorme sur les enfants.

    2 Les parents ont un rôle important dans _____.

    3 Les parents peuvent limiter les effets néfastes de la violence à la télévision sur les enfants en _____.

    4 Quand les enfants regardent les émissions violentes à la télévision, il est essentiel que _____.

    5 Les enfants deviendront plus conscients et plus autonomes par rapport à la télévision si leurs parents _____ .

B Passez maintenant à la **feuille 1B**.

12 **A** Ecoutez les opinions **1–6** sur la télévision: sont-elles positives ou négatives ?

B Ecoutez encore une fois et notez les arguments pour ou contre la télévision.

C Partagez-vous les opinions exprimées? Discutez- en à deux.

13 Seuls ou à deux, écrivez un plan détaillé sur un des thèmes suivants.

- La télévision – la pire ou la meilleure des choses ?
- Lettre ouverte à ceux qui se plaignent de l'emprise de la télévision sur les jeunes.
- Lettre ouverte aux fanas de la télé.

Culture et identité nationale

1 La langue française, souvent perçue comme un élément majeur de l'identité nationale, est en évolution permanente.

    A Préparez-vous à la lecture de l'article ci-dessous en vérifiant le sens précis des mots suivants dans un dictionnaire monolingue.

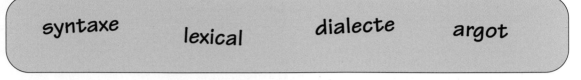

syntaxe   lexical   dialecte   argot

    B Après une lecture rapide de l'article, mettez en commun les faits et les idées que vous avez compris et retenus.

2 A Cherchez dans l'article ci-contre (paragraphes 1-2) des expressions synonymes de **1-7**. Attention: ne relevez ni trop, ni trop peu de mots.

    1 est actuellement extrêmement populaire

    2 n'ont pas de raison d'être jaloux de

    3 maintenant obsédé par le gain financier

    4 a facilité

    5 On y trouve

    6 base son image sur

    7 finissent par

    B Ecoutez les commentaires **1–4** sur le texte. A quel paragraphe correspond chacun d'eux?

Parlez-vous rap?

Issu des ghettos du Bronx américain, le rap fait maintenant fureur en France et les meilleurs rappeurs français n'ont rien à envier au gangsta rap américain désormais réduit à un statut de faiseur d'argent.

1 Avec ses thèmes privilégiés tels que l'Etat, la loi, la police ou le racisme, le rap dit tout haut ce que les autres disent tout bas. Très vite associé aux jeunes des banlieues, le rap français a contribué à la naissance d'une culture où se côtoient les styles les plus divers. Il compte évidemment des «assimilés» qui diluent leur message afin de ne pas effrayer les classes bien-pensantes, mais le vrai rappeur, lui, refuse de se laisser assimiler. Comme on le constate non seulement en France mais aussi en Algérie avec le rap arabe, il veut faire réfléchir et veut faire peur aux mauvaises consciences.

2 Le rappeur tire en partie son statut de sa mutation langagière. A un premier niveau, il emprunte à l'argot avec ses mots familiers ou vulgaires dont beaucoup font déjà partie du bagage lexical courant: pinard, mioche, et le reste. Il fait ensuite appel au verlan, ce jeu de langue sans aucune valeur péjorative qui consiste à renverser les syllabes d'un mot. Certains mots en viennent même à acquérir leur propre orthographe: «verlan» pour «envers» et «zicmu» pour «musique». Certaines inversions rajoutent même un autre son: «mec» devient ainsi «keum», «keume» ou «keumé». Le verlan étant conçu comme un langage secret de banlieue, dès qu'un mot devient reconnu du grand public, il faut le «reverlaniser». C'est ainsi qu'après son entrée dans les dictionnaires sous l'appellation de «beur» ou de «beure», le mot «arabe» a depuis connu de nouvelles métamorphoses telles que «reub« ou «reube».

3 Formulez vos propres réponses à ces questions en évitant de reproduire des extraits intégraux de l'article. Formulez chaque réponse en une ou deux phrases (50 mots maximum).

1 De quelle manière l'article définit-il le rap français?

2 Pourquoi les défenseurs de la langue française n'ont-ils aucune raison de s'inquiéter?

4 Traduisez le troisième paragraphe de l'article.

5 Faut-il protéger la langue française d'influences telles que le rap ou l'invasion des mots anglo-saxons? C'est un des buts de la «loi Toubon», introduite en France en 1994, qui vise à imposer l'emploi du français dans certaines situations. Ecoutez cet extrait et notez les détails suivants en anglais.

a Main areas where the law aims to impose the use of French.

b Attitudes towards the law and the French language.

c Attitudes towards the use of English and other foreign languages.

gamin, -e (m/f):	*child*	lieu (m):	*place*
surveiller:	*to look after*	plaisanterie (f):	*joke*
errer:	*to wander*	nocturne:	*by night*
faire tache d'huile:	*to spread*	avertir:	*to warn*
constater:	*to notice*		

3 Le rap est-il donc sur le point de donner naissance à une nouvelle langue, à un nouveau français? Même si certains mots d'origine étrangère ne restent compréhensibles qu'à certains immigrés, la plupart des termes rap deviennent vite décryptés et dépassent vite le cadre des cités où ils ont vu le jour, ce qui est en fin de compte essentiel si les rappeurs souhaitent faire passer leur message. A ceci s'ajoute le fait que la majorité des mot rap connaissent une vie très éphémère, mais aussi que la plupart des modifications langagières des rappeurs relèvent exclusivement du domaine lexical, sans chercher à modifier la syntaxe. Or pas de nouvelle langue sans nouvelle syntaxe. Le rap est donc une forme d'argot plutôt qu'un dialecte.

4 En fait, au-delà de leur verlan cryptique ou décrypté, les rappeurs font un bel hommage à la langue française en l'adaptant à des sauces si diverses, ne serait-ce que par de simples rapprochements de mots tels que les privilégie MC Solaar: *«Viens dans les quartiers voir le paradis. Où les anges touchent le RMI (...) Si les anges ont des ailes, ici les gosses volent. Demande à l'Interpol.»*

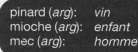

pinard (*arg*):	*vin*
mioche (*arg*):	*enfant*
mec (*arg*):	*homme*

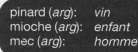

6 Certains pays – dont la France – ont profité de l'an 2000 pour célébrer leur culture et affirmer leur identité nationale par de grands projets culturels et artistiques. L'article **p113** a été écrit en 1997, alors que la plupart des monuments étaient toujours en construction. Cherchez-y l'équivalent des expressions ci-dessous, ce qui facilitera votre lecture.

Paragraphe 1	Paragraphe 2	Paragraphe 3	Paragraphe 4
• gigantic • at the heart of • a change of scale	• inordinately large; • seems to have made up for	• left with no points of reference • the dawn of a millenium	• bloated or huge • has become commonplace

7 **A** Relisez le texte. Quel paragraphe

  1 décrit la manière dont une des constructions parisiennes signale l'arrivée du nouveau millénaire à la veille de l'an 2000?

  2 compare la création technologique et architecturale du monde moderne aux lieux de culte des siècles passés?

  3 fait mention de l'UE en expliquant la construction des objets vastes?

  4 parle des problèmes financiers des projets?

B Quel(s) projet(s) vous fait/font penser....

  1 au monde naturel?

  2 à la création littéraire?

  3 au passage du temps?

  4 à l'aube d'une nouvelle époque?

8 Lisez les phrases ci-dessous, basées sur l'article : vrai ou faux?

a On peut comparer Paris et ses structures énormes à un paysage imaginaire que l'on trouve dans un roman célèbre.

b Le gouvernement a subventionné les projets parisiens.

c La sécurité de la société se reflète dans la construction d'objets énormes.

d La dimension des projets fait preuve d'une certaine rivalité entre différents pays.

e On compare la construction de vastes objets aux voyages dans l'espace, qui se trouvent peut-être ainsi diminués dans l'imagination du grand public.

9 Dominique Perrault, Eric Cattelain, Denis Valode et Aymeric Zubiena expriment-ils des opinions positives, négatives ou partagées envers les projets de l'an 2000? Parlez-en à plusieurs en justifiant vos réponses le mieux possible.

10 Complétez les textes à trous de la **feuille 2**, basés sur trois autres projets conçus pour l'an 2000.

...L'architecte français Dominique Perrault explique ainsi la multiplication des projets titanesques: «Avec l'accélération de la construction européenne, il est logique que chaque pays cherche à témoigner, de manière forte, de son existence au sein de la communauté. Il s'agit d'affirmer son identité. Le passage à l'Europe provoque aussi un changement d'échelle.» Dominique Perrault explique volontiers qu'il faut faire preuve de générosité et d'esprit d'ouverture à l'égard des nouvelles constructions; il consent pourtant à qualifier les projets parisiens de célébration de l'an 2000 de « bien peu émouvantes».

Doux euphémisme... A la fin 1999, et si tous les projets prévus voient le jour (chaque événement doit entièrement s'autofinancer, et certains projets ont du mal à attirer les sponsors), la capitale ressemblera à un terrain de jeux pour Gulliver (...). Tout ou presque y sera démesuré: la plus grande cloche du monde exposée sur l'île aux Cygnes, des poissons de 3 mètres amarrés au fond de la Seine, l'Obélisque de la Concorde transformé en gigantesque cadran solaire. Un livre géant de 15 mètres sur 20 (...) à deux pas de l'Hôtel de Ville. Le gigantisme semble avoir pallié ici, comme dans les autres pays, le manque d'imagination et la faiblesse de la création.

Eric Cattelain, responsable du texte du Livre géant, reconnaît lui-même: «Si chaque projet peut être en soi intéressant, leur accumulation donne, inconsciemment, une vision très pessimiste de notre époque. Privés de repères, nous avons beaucoup de mal à établir notre rôle et notre place dans un monde qui nous domine et nous oppresse: les objets géants symbolisent involontairement ce désarroi.» Que dire alors des autres projets parisiens surdimensionnés? La tour de la Terre, haute de 200 mètres, entièrement en bois (...) est censée rendre hommage à la nature et à l'écologie. Le projet baptisé «Eclosion d'un millénaire» veut figurer la naissance du nouveau siècle: le 31 décembre 1999, un œuf de 40 mètres de haut descendra entre les pattes de la tour Eiffel. (...) L'oeuf se craquellera lentement pour laisser apparaître des centaines d'écrans de télévision diffusant des programmes venus du monde entier!

«Chaque pays a toujours voulu faire plus haut, plus énorme que son voisin. Les expositions universelles, la célébration de grandes dates comme l'an 2000, sont l'occasion de montrer ce que l'on est capable de faire», rappelle Denis Valode, du cabinet français Valode et Pistre (concepteur du siège d'Air France et du technocentre de Renault actuellement en construction à Saint-Quentin-en-Yvelines). (...)

Aymeric Zubiena, co-auteur du Grand Stade de France et architecte de l'hôpital Georges Pompidou, insiste: «Il y a une sorte de populisme artistique à multiplier ainsi les œuvres boursouflées. Frapper l'imagination des braves gens en les confrontant à des objets démesurés est très facile mais pas franchement intéressant.» Considérant de façon plus générale la vogue du gigantisme, il ajoute: «Dans les années 70, je pensais que les fusées étaient les cathédrales des temps modernes, avec le même mélange d'idéologie et d'effort économique commun. Aujourd'hui, la conquête de l'espace s'est à la fois banalisée et éloignée des préoccupations des gens. Le retour sur Terre s'accompagne peut-être d'une nouvelle vague de grandes constructions. ...

11 Certains ont vu dans les projets de l'an 2000 un immense gaspillage d'argent qui aurait pu être utilisé ailleurs. Qu'en pensez-vous? Discutez-en à plusieurs, puis présentez votre opinion en 150 mots environ.

La chanson a son mot à dire

1 Si le rap met en question la culture convenue de la France, ce n'est rien de nouveau. La France a une longue tradition de chansons ou de poèmes «engagés» qui mettent en question les valeurs traditionnelles et expriment les préoccupations de la jeune génération.

A deux ou plus, répondez oralement aux questions **a–d** uniquement en écoutant la chanson *Le déserteur* de Boris Vian, puis en regardant les paroles **p115**.

   a   Qui est le personnage principal de cette chanson?

   b   A qui s'adresse-t-il?

   c   Comment se sent-il?

   d   Quel est, d'après vous, le thème de cette chanson?

2 Répondez tous ensemble à ces questions plus détaillées.

   a   Quelles sont les valeurs traditionnelles mises en question par la chanson ?

   b   Pourquoi le personnage principal de la chanson est-il si opposé à la guerre ?

   c   Dites tout ce que l'on apprend sur son passé.

   d   Comment envisagez-vous son avenir ? Que va-t-il lui arriver, d'après vous ?

   e   Comment interprétez-vous les expressions suivantes:

      «se moque des bombes…se moque des vers»

      «Je fermerai ma porte/Au nez des années mortes»?

Boris Vian: mini-biographie

Boris Vian est né le 10 mars 1920 à Ville d'Avray. Poète, romancier, parolier, auteur de théâtre, trompettiste de jazz, il a été l'un des auteurs les plus prolifiques de sa génération, mais aussi l'un des plus grands connaisseurs et défenseurs du jazz, qu'il a contribué à introduire en France. Il a écrit «*Le déserteur*» en 1954, lors de la guerre d'Indochine, cinq ans avant sa mort. En France, il est toujours adulé par les jeunes générations.

Le déserteur

Monsieur le président
Je vous fais une lettre
Que vous lirez peut-être
Si vous avez le temps.
Je viens de recevoir
Mes papiers militaires
Pour partir à la guerre
Avant mercredi soir.
Monsieur le président
Je ne veux pas la faire
Je ne suis pas sur terre
Pour tuer des pauvres gens.
C'est pas pour vous fâcher,
Il faut que je vous dise,
Ma décision est prise,
Je m'en vais déserter.

Depuis que je suis né,
J'ai vu mourir mon père,
J'ai vu partir mes frères
Et pleurer mes enfants.
Ma mère a tant souffert
Qu'elle est dedans sa tombe
Et se moque des bombes
Et se moque des vers.
Quand j'étais prisonnier,
On m'a volé ma femme,
On m'a volé mon âme,
Et tout mon cher passé.
Demain de bon matin
Je fermerai ma porte
Au nez des années mortes,
J'irai sur les chemins.

Je mendierai ma vie
Sur les routes de France,
De Bretagne en Provence
Et je crierai aux gens:
« Refusez d'obéir,
Refusez de la faire,
N'allez pas à la guerre,
Refusez de partir. »
S'il faut donner son sang,
Allez donner le vôtre,
Vous êtes bon apôtre
Monsieur le président.
Si vous me poursuivez,
Prévenez vos gendarmes
Que je n'aurai pas d'armes
Et qu'ils pourront tirer.

3 Le cadre **p114** vous donne quelques renseignements sur la vie de Boris Vian. Si vous le souhaitez, faites des recherches supplémentaires et préparez un exposé oral sur cet artiste et son œuvre.

4 Au Québec, la chanson engagée joue un rôle culturel important. Dans les années 60, par exemple, elle a été un véhicule politique dans la lutte pour l'indépendance. Mais aujourd'hui? Identifiez dans l'article ci-dessous les paragraphes qui mentionnent **a–e**.

   a La période où la chanson nationaliste a connu sa plus grande popularité.

   b Le caractère multiculturel de la musique québécoise.

   c Les thèmes importants de la musique engagée d'aujourd'hui.

   d La popularité croissante de la musique d'Amérique latine au Québec.

   e Le déclin de la chanson autonomiste.

5 Résumez l'article en complétant les phrases **a–i**.

   a La société québécoise est composée de _____ et la chanson reflète ce mélange de cultures différentes.

   b Dans les années 60, la chanson québécoise a servi pour exprimer les sentiments _____ des musiciens.

   c A partir des années 80, la chanson québécoise a souffert _____.

   d Dorénavant, la chanson nationaliste _____.

   e Aujourd'hui, les chansons québécoises parlent _____.

   f Les chansons du groupe punk-rock Grim Skunk, quant à elles, ont pour thèmes _____.

   g Leurs paroles se distinguent par _____.

   h Leur message s'adresse surtout _____.

   i Le festival Republika a illustré le rejet _____ en faveur _____.

Le Québec prend ses couleurs.

Exit la chanson engagée de papa : la scène montréalaise se décline désormais en Black, Blanc et Latino.

Montréal vit sa première fièvre obsidionale, une rage de rap en créole et en joual (parler local), de chanson franglaise et de rock québéco-latino. Le métissage musical est inédit. Il paie son tribut à l'immigration des années 70 (Caribéens, Chiliens, Algériens, Asiatiques ...). Ainsi, la culture mosaïque chère au Québec – 6,9 millions d'habitants – symptôme d'une «Amérique en français», plurielle et ethnique (...), accouche d'une contre-culture. «La chanson est un miroir de poche qui a permis à notre peuple de se reconnaître», affirmait Gilles Vigneault. Examinons le miroir de plus près.

Militante et souveraine, la chanson nationaliste a connu son âge d'or dans les années 60. «Leclerc, Vigneault, Léveillée ont tiré la société québécoise de son carcan catholique et rural. Avec eux, la chanson est devenue un véhicule politique», analyse Jean Beauchesne, chargé de la programmation au Festival d'été de Québec – 600 artistes, 20 pays, 800 000 spectateurs. En juillet, le festival proposait sur la même gigantesque affiche Vigneault, Charlebois ou Paul Piché. Des grandes gueules philosophes et humanistes, dont le cœur patriote ne bat plus. La chanson engagée hiberne, essorée par les «non» successifs aux référendums pour ou contre l'indépendance (1980, 1995).

«Depuis le dernier échec, les chansons de pays subissent un désintérêt, analyse Laurent Saulnier, de l'hebdomadaire culturel Voir. Il y a sans doute aussi des problèmes plus urgents à régler.» Par exemple, l'écologie, le droit des Amérindiens, les problèmes des syndicats

6 Expliquez en français, en vos propres termes, le sens des expressions suivantes dans le contexte de l'article.

a la culture mosaïque chère au Québec

b accouche d'une contre-culture

c a connu son âge d'or

d la chanson engagée hiberne

e fameux hymne autonomiste

f adresse ses bonnes paroles en français-anglais-espagnol-grec-allemand et persan à un jeune public déboussolé

g un pont jeté vers des groupes latino-américains

7 Que comprenez-vous par la phrase «La chanson est un miroir de poche qui a permis à notre peuple de se reconnaître»? D'après vous, s'applique-t-elle également à la musique de votre pays ?

A Discutez-en à plusieurs en vous aidant d'exemples précis.

B Ecrivez vos conclusions personnelles en 100 mots environ.

une fièvre obsidionale:	widespread or collective madness	essoré:	exhausted, worn out
		scandé:	chanted
		le clou:	the main attraction
le métissage:	intermingling	abreuvé:	saturated
un carcan:	a straitjacket		
des grandes gueules:	loudmouths		

ouvriers, autant de thèmes régulièrement abordés par Richard Desjardins, chanteur à lire, ou par Richard Séguin, poète folk. Au fameux hymne autonomiste *Gens du pays*, scandé naguère par Vigneault, ne répond donc que l'écho du Saint-Laurent.

Ou alors la musique du groupe punk-rock Grim Skunk, qui bataille pour «dénoncer les injustices, communiquer tolérance et respect» et adresse ses bonnes paroles en français-anglais-espagnol-grec-allemand et persan à un jeune public déboussolé – le Canada détient un taux record de suicides d'adolescents. Le 19 juillet, Grim Skunk était le clou du festival Republika, à Montréal, un pont jeté vers des groupes latino-américains. «Le message était politique, explique Mariana Gianelli, l'une des organisatrices. On nous a tellement abreuvés de tonnes [chansons] à la Charlebois. Aujourd'hui, nous revendiquons une identité propre. Une grosse lumière latino flashe enfin sur Montréal.»

Bilan

Entre autres choses, vous devriez maintenant mieux comprendre certains aspects de la culture française et francophone.

Les activités ci-dessous vous permettront de faire le point sur les thèmes rencontrés dans cette unité.

Au choix :

A Lisez la **feuille** 3 sur les intérêts culturels des Britanniques.

Ecrivez un compte-rendu en français (250 mots maximum) ou préparez-vous à faire un compte-rendu oral d'environ 2mn avec un minimum de notes.

B Ecrivez 250 mots minimum à partir du plan que vous avez préparé pour l'**activité 13, p109**.

C Préparez-vous à un débat: «On devrait limiter la violence à la télévision car il est possible qu'elle contribue beaucoup à la jeune délinquance». (Voir aussi Unité **2**).

D Au choix:

Préparez-vous à faire un compte-rendu oral de l'article de la **feuille 4** sur le rappeur français, MC Solaar.

Imaginez que vous êtes MC Solaar et préparez-vous à être interviewé(e).

E Ce livre vous a présenté trois chansons: *Deuxième génération* par Renaud (Unité **2**), *Saïd et Mohamed* par Cabrel (Unité **5**) et *Le déserteur* par Vian (Unité **8**). Laquelle préférez-vous? Donnez un compte-rendu oral ou écrit de la chanson que vous avez choisie et expliquez pourquoi elle vous plaît.

Termes grammaticaux

The grammatical terms not listed here are explained within **Grammaire** (pp120–47).

Un accord (s'accorder avec . . .)
In French, articles, adjectives, pronouns and sometimes past participles agree in number (singular/plural) and gender (masculine/feminine) with the noun or pronoun they relate to. Their endings change accordingly.

Un auxiliaire
This is the name given to *avoir* and *être* when they are used with past participles to make up compound tenses (e.g. perfect, pluperfect): *Ils ont appelé – Elle est venue.*

Une conjonction
A conjunction is a linking word (*mais, puis, après, bien que . . .*) within, or at the beginning of, a sentence.

Un genre
There are two genders in French: the masculine and the feminine.

Un idiome/Une expression idiomatique
This is an expression that cannot be translated word for word, e.g. a red herring.

L'indicatif
The indicative describes the 'normal' forms of verbs (present, perfect, imperfect, future . . .), as opposed to the conditional, the imperative and the subjunctive. Each of these four categories is called *un mode* (a mood).

Invariable
A word that is invariable is always spelt exactly in the same way. For example, the invariable adjective *marron* retains the same ending when describing a noun that is feminine or plural.

Un nombre
There are two possible word 'numbers': the singular and the plural.

Un objet
An object is a noun or pronoun acted upon by a verb.
J'ai vu mon cousin; tu le connais?
Direct/indirect object: see **10c**.

Une personne
The person indicates which form of a verb is being used.
Singular: 1st person (*je/j'*)   2nd person (*tu*)
3rd person (*il/elle/on*)
Plural: 1st person (*nous*)   2nd person (*vous*)
3rd person (*ils/elles*)

Un préfixe
A prefix precedes the stem (the core) of some words: **app**rendre – **com**prendre – **sur**prendre.

Une proposition
This is a clause, i.e. a part of a sentence which contains at least a subject and a verb.
In the sentence *C'est ton père qui me l'a expliqué*, «*C'est ton père*» is called the main clause as it could stand on its own; «*qui me l'a expliqué*» is called a subordinate clause because it is dependent on the main clause, and could not stand on its own. Subordinate clauses introduced by a relative pronoun (e.g. *qui*) are called relative clauses.

Une racine
Called the stem, the root or the radical in English, this is the 'core' of a word, to which a prefix, a suffix or variable endings can sometimes be added: *utile; utiles; inutiles; inutilement.* The stem of a word sometimes changes: *prendre; prenaient; ont pris.*

Un suffixe
A suffix is added at the end of the stem of some words: *poli, poliment.*

Un sujet
The subject in a sentence or a clause is the word which performs the action or is being described. It is generally a noun (*Sa voiture a disparu.*), a pronoun (*Elle était presque neuve.*) or an infinitive (*Marcher est bon pour la santé.*).

Un temps composé
A compound tense is made up of an auxiliary – *avoir* or *être* – and a past participle. The most common compound tenses are the perfect and the pluperfect.

Un temps simple
This is a verb tense that doesn't contain an auxiliary (present, imperfect . . .)

Un verbe intransitif
An intransitive verb is a verb that does not take a direct object (see **10c**).

Un verbe transitif
A transitive verb is a verb that takes a direct object (see **10c**).

Grammaire

 Les noms *Nouns*

Nouns are naming words. They can be people (*un employé, Jeanne d'Arc*), things (*une voiture*), animals (*un chat*), places (*un lac*) or something abstract (*une maladie, l'optimisme*).

1a Le genre *Gender*

- Most nouns (people, things, places, ideas) are either masculine or feminine:
  un homme   une personne   un quartier   une région

- Nouns for people may have masculine and feminine forms:
un employé, une employée	*un chrétien, une chrétienne*
un boucher, une bouchère	*un jumeau, une jumelle*
un masseur, une masseuse	*un sportif, une sportive*
un directeur, une directrice	*un époux, une épouse*

- Some nouns for people stay the same when referring to either gender:
  un élève, une élève   *un dentiste, une dentiste*

- Some nouns for people only have one gender, whether they describe men or women:
  masculin: *un auteur un bébé un docteur un écrivain un ingénieur un médecin un peintre un professeur*
         (but: *un(e) prof*) *un témoin*
  féminin: *une connaissance une personne une vedette une victime*

- Some nouns have different meanings depending on their gender:
  un livre a book   *une livre* a pound
  un poste a post, a job   *une poste* a post-office

1b Le masculin *Masculine*

- Nouns belonging to the following groups are masculine:
  - all days, months and seasons: *jeudi/janvier/été*
  - languages: *le russe/le portugais*
  - males: *un neveu/un garçon*
  - most animals and trees: *un tigre/un pommier*
  - most countries, rivers and flowers not ending in **-e**: *le Japon/le Nil/le lilas*
  - most colours: *le rouge/le vert*
  - many nouns ending in a consonant
  - most nouns ending as indicated below:

*un mir**acle**/un obst**acle***	*le sarc**asme**/l'enthousi**asme***
*un bill**et**/un carn**et***	*un dev**oir**/le trott**oir***
*un anim**al**/un can**al***	*le bavard**age**/le jardin**age*** (but not *une cage/image/page/plage*)
*le fasc**isme**/l'optim**isme***	*un caf**é**/un march**é*** (but not nouns ending in **-té** or **-tié**)
*un diagr**amme**/un progr**amme***	*un cad**eau**/un ois**eau*** (but not *l'eau/la peau*)
*un accid**ent**/un événem**ent***	*un probl**ème**/un syst**ème*** (but not *la crème*)

1c Le féminin *Feminine*

- Nouns belonging to the following groups are feminine:
  - females: *une femme/une tante*
  - continents: *l'Asie/l'Afrique*
  - most countries and rivers ending in **-e**: *la Suisse/la Pologne/la Loire*
  - most fruit ending in **-e**: *une poire/une framboise*
  - most nouns ending in a double consonant + **-e**: *la colonne/la terre*
  - most nouns ending as indicated below:

*la f**ace**/la r**ace***	*la vis**ion**/la pass**ion***
*l'arrog**ance**/la confi**ance***	*la na**tion**/l'atten**tion***
*la par**esse**/la vieill**esse***	*la destin**ée**/une soir**ée*** (but not *un lycée; un musée*)
*la cult**ure**/la nat**ure***	*l'impati**ence**/la prud**ence*** (but not *le silence*)
*la curiosi**té**/la volon**té***	*la mati**ère**/la mis**ère*** (but not *le caractère; le mystère*)
*l'ami**tié**/la moi**tié***	*la coul**eur**/la p**eur*** (but not *le bonheur; l'honneur; le malheur*)
*la mais**on**/la rais**on***	

1d Le pluriel *Plural*

- Most nouns take an **-s** in the plural, but there are other patterns:
  - *un cheval* ⟹ *des chevaux* (but: *des bals, des festivals*)
  - *le travail* ⟹ *les travaux* (but: *des détails*)
  - *un bateau* ⟹ *des bateaux*
  - *un jeu* ⟹ *des jeux* (but: *des pneus*)
  - nouns ending in **-s**, **-x** or **-z** do not change:
    un mois ⟹ *deux mois*   *un prix* ⟹ *des prix*   *un nez* ⟹ *des nez*
  - seven words ending in **-ou** take an **-x** instead of an **-s**:
    des bijoux   des choux   des cailloux   des genoux   des poux   des hiboux   des joujoux   toys
  - other unusual forms:
    Madame ⟹ *Mesdames*   *Monsieur* ⟹ *Messieurs*   *un œil* ⟹ *des yeux*

- Compound nouns vary and may need looking up in a dictionary:
  un beau-frère ⟹ *des beaux-frères*   *un porte-clé* ⟹ *des porte-clés*

---

2 Les articles *Articles*

Articles come before nouns: *le, un, des . . .*

2a Les articles définis *Definite articles*

- *Le, la, l', les* = 'the' . . . or nothing. Use *le/l'* + masculine singular noun; *la/l'* + feminine singular noun; *les* + plural noun:
  Le dollar remonte.   The dollar is going up.
  La télé m'ennuie.   TV bores me.
  L' is used instead of *le* or *la* before a vowel or some words beginning in **-h**: *l'histoire   l'hôtel   l'hélicoptère*
  but: *le handball   le hall   le héros*

- You can use *à la; à l'; de la; de l'*. However:
  à le becomes *au*
  à les becomes *aux*
  de le becomes *du*
  de les becomes *des*

- As in English, definite articles refer to specific persons or things:
  Le maire a perdu aux élections.   The mayor lost the election.
  However, note these additional uses in French:
  - references to all things of a kind: *Les infirmières sont mal payées.*
  - generalisations: *La jalousie détruit de nombreux couples.*
  - parts of the body: *J'ai mal au dos. Il a le nez grec.*
  - sports and hobbies: *Le hockey sur glace passe rarement à la télé.*
  - after verbs of likes and dislikes: *J'aime la politique.*
  - days of the week (regular events): *Ce feuilleton passe le mercredi.*
  - titles or adjectives + names: *Le commandant Cousteau   Le célèbre Pasteur*
  - prices and quantities: *C'est 6 euros le kilo ou le paquet?*
  - seasons: *L'hiver finit tard.* (But: *en automne/été/hiver; au printemps*)
  - geographical names (except after *en* and *de*) and names of languages:
    Le mont Blanc est à plus de 4800 mètres.
    L'Espagne a opté pour l'euro. (But: *Je viens d'Espagne.   J'habite en Espagne.*)
    Le japonais est rare dans les lycées. (But: *un film en japonais*)

2b Les articles indéfinis *Indefinite articles*

- *Un, une* translate as 'a'.
  Des sometimes translates as 'some/any' but often doesn't translate at all.
  Use *un* + masculine singular noun; *une* + feminine singular noun; *des* + plural noun.
  Note that English often dispenses with indefinite articles altogether:
  On m'a offert un emploi mais j'ai des doutes sur l'entreprise.
  I've been offered a job but I have (some) doubts about the company.
  Vous avez des capitaux à l'étranger?   Do you have (any) investments abroad?
  - Negative sentences use *de/d'* instead of *un/une/des*:
    Je n'ai plus d'emploi mais je n'ai pas de dettes.   I haven't got a job any more but I haven't got debts.

- Note the use or absence of articles in French or English:
  - profession/occupation:

    Elle est député. She's an MP.
  - noun in apposition:

    Mlle Jean, médecin, a été élue. Mlle Jean, a GP, was elected.
  - after *quel/en tant que/ni*:

    Quelle déception! What a disappointment!

    Je te parle en tant qu'ami. I am speaking to you as a friend.

    Ils n'ont ni passeport, ni argent. They've got neither passport nor money.
  - lists:

    Oncles, tantes, cousins, ils étaient tous là. Uncles, aunts, cousins, they were all there.

2c Les articles partitifs *Partitive articles*

- *Du, de la, de l', des* can translate as 'some/any', but are frequently omitted in English. Use *du/de l'* + masculine singular noun; *de la/de l'* + feminine singular noun; *des* + plural noun:

  Je cherche du travail. I'm looking for (some) work.

  De l' is used instead of *du* or *de la* before a vowel or some words beginning in **-h** (see definite articles):

  Il voudrait investir de l'argent à l'étranger mais il a des doutes.

  He'd like to invest (some) money abroad but he has (some) doubts.

  Use *de/d'* instead of the above:
  - in negative expressions:

    Il n'y a pas de doute. There are no doubts.
  - in expressions of quantity (*peu de/assez de/beaucoup de/tant de/trop de*):

    Le maire a peu de scrupules. The Mayor has few scruples.
  - with *avoir besoin de*:

    On a besoin de nouveaux produits. We need new products.
  - before an adjective placed before a noun:

    J'ai des projets. De grands projets! I have plans. Big plans!

- Be careful:

  Beaucoup d'étudiants . . . Many students . . . (general)

  Beaucoup des étudiants . . . Many of the students . . . (more specific)

2d Le/la/l'/les ou du/de la/de l'/des?

Choose carefully when no article is used in English. Use *du/de la/de l'/des* if you can put 'some' or 'any' in front of the noun. If you can't, use *le/la/l'/les*:

I'm looking for books on homeopathy. ('some books') *Je cherche des livres sur l'homéopathie.*

I like alternative remedies. (alternative remedies in general, not 'some') *J'aime la médecine douce.*

3 Les adjectifs qualificatifs *Adjectives*

Adjectives add information to a noun or pronoun: *riche, jaune, fatigué . . .*

3a Le genre *Gender*

- Feminine endings follow the same rules as for nouns (see **1a**). Common patterns:

  - vert/ver**te**
    fatigu**é**/fatigu**ée**
  - jeun**e**/jeun**e**
    simpl**e**/simpl**e**
  - ancie**n**/ancie**nne**
    bo**n**/bo**nne**
    crue**l**/crue**lle**
    nu**l**/nu**lle**
    genti**l**/genti**lle**
    parei**l**/parei**lle**
    gro**s**/gro**sse**
  - compl**et**/compl**ète**
    inqui**et**/inqui**ète**
    secr**et**/secr**ète** (but: net/nette)

  - ch**er**/ch**ère**
    prem**ier**/prem**ière**
  - heureu**x**/heureu**se**
    envieu**x**/envieu**se**
    jalou**x**/jalou**se** (but: *doux/douce; faux/fausse; vieux/vieille*)
  - ment**eur**/ment**euse**
    rêv**eur**/rêv**euse** (but: *supérieur/supérieure; conservateur/*
    conservatrice; protecteur/protectrice)
  - acti**f**/acti**ve**
    neu**f**/neu**ve**
    passi**f**/passi**ve**
    positi**f**/positi**ve**

- Learn by heart:
  - *blanc/blanche franc/franche sec/sèche frais/fraîche*
  - *public/publique turc/turque grec/grecque*
  - *malin/maligne long/longue*
  - *ambigu/ambigüe* (masculine/feminine sound identical)
  - *chic, châtain, marron, sympa, vert clair, vert foncé* (invariable)

3b Le nombre *Number*

- Plural endings follow the same rules as for nouns (see **1d**). Common patterns:
  pollué/pollués neuf/neufs
  écossais/écossais gris/gris
  *génér**eux**/génér**eux** vi**eux**/vi**eux***
  *be**au**/be**aux** nouve**au**/nouve**aux***
  *loc**al**/loc**aux** norm**al**/norm**aux*** (but: *banals, finals*)

- If two nouns share the same adjective, the adjective has to be plural:
  *Un frère et une sœur très motiv**és**.*

3c La position des adjectifs *Position of adjectives*

- Generally after the noun:
  *une météo **optimiste***   *une entreprise **dynamique***

- Some common adjectives go before the noun:

un **beau** résultat	un **gros** désastre	le **même** emploi
un **bon** dîner	un **haut** niveau de vie	un **nouveau** remède
un **court** repas	une **jeune** entreprise	un **petit** progrès
un **excellent** discours	un **joli** parc	une **vieille** ville
un **gentil** chien	un **mauvais** bilan	une **vraie** réussite

- Watch out:
  *son **ancienne** femme /une maison **ancienne** (ex- versus old)*
  *un **brave** homme /un homme **brave** (kind versus brave)*
  *un **certain** charme /un charme **certain** (certain versus undeniable)*
  *mes **chers** collègues /un repas **cher** (dear versus expensive)*
  *un **grand** homme /un homme **grand** (great versus tall)*
  *une **pauvre** femme /une femme **pauvre** (unfortunate versus not rich)*
  *mes **propres** dents /des dents **propres** (own versus clean)*
  *le **seul** homme /un homme **seul** (only versus on his own)*
  *une **vraie** réponse /une réponse **vraie** (real versus true)*

3d Les adjectifs invariables *Invariable adjectives*

- Adjectives are invariable after *c'est* (*c'était/ce sera . . .*) and *il est* (*il a été/il sera . . .*):
  *Les usines Cerdon vont fermer? C'est **surprenant**!   Il est **essentiel** de continuer les négotiations.*

3e Les adjectifs en tant que noms *Adjectives as nouns*

- When used as nouns, adjectives are used in the masculine singular:
  *L'**essentiel**, c'est de garder le moral.   Le plus **simple**, c'est de recommencer.*

3f Les adjectifs en tant qu'adverbes *Adjectives as adverbs*

- When used as adverbs, adjectives are invariable:
  *Ces fleurs sentent très **bon**.   Ça va vous coûter **cher**!*
  *J'ai travaillé **dur**.   Qu'est-ce qui sent **mauvais**?*

3g Les adjectifs et les préfixes *Adjectives and prefixes*

- Some adjectives can be given a negative meaning with prefixes:
  im- *buvable/imbuvable mangeable/immangeable possible/impossible*
  in- *capable/incapable intéressant/inintéressant traduisible/intraduisible*
  ir- *rationnel/irrationnel réel/irréel remplaçable/irremplaçable*
  mal- *adroit/maladroit chanceux/malchanceux heureux/malheureux*

- Note: **im-** is nearly always used instead of **in-** before the letters **-b**, **-m** and **-p**.

Possessives indicate possession or ownership: *mon, votre, le mien . . .*

4a **Les adjectifs possessifs** *Possessive adjectives*

- They agree with the noun they qualify (not with the 'owner'):
  Ma fille veut abandonner ses études. My daughter wants to abandon her studies.

	Masculine singular	**Feminine singular**	**Plural**
my	*mon*	*ma (mon*)*	*mes*
your	*ton*	*ta (ton*)*	*tes*
his/her/its	*son*	*sa (son*)*	*ses*
our	*notre*	*notre*	*nos*
your	*votre*	*votre*	*vos*
their	*leur*	*leur*	*leurs*

* used instead before a vowel or a silent **-h** (one that allows liaison):
  C'est mon histoire préférée. It's my favourite story.

- *Son fils* can mean 'his son' or 'her son'.
  French doesn't always use possessive adjectives where English does:
  I broke *my* arm. *Je me suis cassé **le** bras.*
  Wipe *your* hands. *Essuie-toi **les** mains.*
  He came in with *his* hat on *his* head. *Il est entré, **le** chapeau sur **la** tête.*

4b **Les pronoms possessifs** *Possessive pronouns*

A possessive pronoun replaces a possessive adjective + noun, often to avoid repetition. They always include an article.
  *Mes employés ont accepté. Et **les vôtres**?* (i.e. *Et vos employés?*)

	Singular		**Plural**	
	masculine	**feminine**	**masculine**	**feminine**
mine	*le mien*	*la mienne*	*les miens*	*les miennes*
yours	*le tien*	*la tienne*	*les tiens*	*les tiennes*
his/hers/its	*le sien*	*la sienne*	*les siens*	*les siennes*
ours	*le nôtre*	*la nôtre*	*les nôtres*	*les nôtres*
yours	*le vôtre*	*la vôtre*	*les vôtres*	*les vôtres*
theirs	*le leur*	*la leur*	*les leurs*	*les leurs*

- Possessive pronouns agree with the noun they replace (not with the 'owner').
  *Tu as apporté tes notes? J'ai oublié **les miennes**.*

- After the prepositions *à* and *de*, some pronouns change:
  au mien/tien . . . (not *à le mien . . .*) *du mien/tien . . .* (not *de le mien . . .*)
  aux miens/tiens . . . (not *à les miens . . .*) *des miens/tiens . . .* (not *de les miens . . .*)
  *Mon secrétaire est trop occupé. Je peux demander **au vôtre**?*

- With the verb *être*, you will often find:
  Ce livre est à moi *Ce livre est le mien*
  C'est à vous? instead of *C'est le vôtre?*

5 **Les adjectifs et pronoms démonstratifs** *Demonstratives*

Demonstratives are used to point out a particular person or thing: *ce, ces, celui-là . . .*

5a **Les adjectifs démonstratifs** *Demonstrative adjectives*

- Like all adjectives, they agree with the noun they qualify:
  ***Cette** église vient d'être rénovée.* This church has just been restored.
  *Tu connais **cet** homme?* Do you know this man?

	masculine	**feminine**
this/that	*ce (cet*)*	*cette*
these/those	*ces*	*ces*

* used before a vowel or a silent **-h** (one that allows liaison).

- To distinguish more precisely between this/these and that/those, you can, but do not have to, use **-ci** or **-là**:

  *Pourquoi **cette voiture-ci** est-elle plus chère que **cette voiture-là**?*
  Why is this car more expensive than that car?

5b Les pronoms démonstratifs *Demonstrative pronouns*

They replace a demonstrative adjective + noun, generally to avoid repetition.

*Pourquoi cette voiture-ci est-elle plus chère que **celle-là**?*

	masculine	feminine
this one	*celui-ci*	*celle-ci*
that one	*celui-là*	*celle-là*
these (ones)	*ceux-ci*	*celles-ci*
those (ones)	*ceux-là*	*celles-là*

Celui/ceux/celle(s) are sometimes used without **-ci** or **-là**:

  *Des deux projets, je préfère **celui** que tu as proposé.* ... the one ...
  *Des deux offres, **celle** de Bernard est la plus avantageuse.* ... Bernard's (⟵▬▶ 'that of' Bernard)

- Other pronouns:

  Ça

  Je préfère ça. I prefer this/that.
  Ça t'intéresse? Are you interested? (i.e. Does this/that interest you?)
  Tu aimes ça? Do you like this/that?
  Ça s'appelle comment? What's this/that called?
  Ça m'étonne. I'm surprised. (i.e. This/That surprises me.)
  Ça nous est égal. We don't mind. (i.e. This/That is all the same to us.)

  Ceci this or *cela* that, which are more formal, are sometimes used instead of *ça*.

  Ce/C'

  C'est facile. It/This/That is easy.
  Ce sera marrant. It/This/That will be fun.

  Ce qui/Ce que/Ce dont: see relative pronouns **11a, 11c**.

6 Les adverbes *Adverbs*

Adverbs qualify verbs, adjectives or other adverbs, providing information as to how, when, where, etc.: *vite, rarement, partout* ...

6a La formation des adverbes *Formation of adverbs*

- An adverb can qualify a verb, an adjective or another adverb:

  *Elle travaille **peu**, elle est **assez** instable et elle bavarde **beaucoup** trop.*
  She works little, she's quite unbalanced and she chats far too much.

- Adverbs are invariable, which means that their endings always remain identical.

- You probably use many adverbs without realising it. Here are just a few:

  bien/mal
  mieux better/*plus mal* worse
  vite/lentement
  trop/beaucoup/assez/peu
  toujours/souvent/quelquefois/de temps en temps/rarement/pas/jamais
  plus/aussi/moins
  de plus en plus/de moins en moins/de mieux en mieux
  devant/derrière
  plus/moins
  hier/demain
  ici/là ...

- The suffix **-ment** is the French equivalent of the English adverb ending **-ly**. Sometimes it is added to the feminine form of the adjective:

  (brutal) brutale ▬▶ **brutalement** (brutally)
  (stupide) stupide ▬▶ **stupidement** (stupidly)
  (gai) gaie ▬▶ **gaiement** (cheerfully)
  (nouveau) nouvelle ▬▶ **nouvellement** (newly)
  (régulier) régulière ▬▶ **régulièrement** (regularly)

- Some adverbs in **-ment** do not follow that rule. They are best learn by heart:
  - adjectives ending in **-ant/-ent**: (*constant*) **constamment** (*fréquent*) **fréquemment**
  - **-e** of adjective becomes **-é**: (*énorme*) **énormément** (*profonde*) **profondément**
  - other: (*naïf*) **naïvement** (*bref*) **brièvement** (*gentil*) **gentiment**
- Some adjectives can be used as adverbs, in which case they are invariable:
  - *parler* **bas/haut** or **fort** (to speak softly/loudly)
  - *coûter* **cher** (to cost a lot)
  - *sentir* **bon/mauvais** (to smell nice/bad)
  - *voir* **clair** (to see clearly)
  - *marcher* **droit** (to walk straight)
  - *travailler* **dur** (to work hard)
- Other useful structures:
  - **Comme** *c'est laid!* Isn't it ugly!
  - *Il n'a* **même** *pas appelé!* He didn't even phone!
  - *Appelle-moi* **n'importe** *où,* **n'importe** *quand.* Call me anywhere, any time.

6b La position des adverbes *Position of adverbs*

- Adverbs are generally placed after the verb:
  - *Vous parlez* **sérieusement?**   *J'ai mangé* **énormément.**
  - *Il ne m'écoute pas* **souvent.**   *Je n'ai pas bu* **énormément.**
- In compound tenses (*avoir* or *être* + past participle), *shorter* adverbs are placed before the past participle (*J'ai trop mangé. Je n'ai pas assez mangé.*), except for adverbs of place and many adverbs of time (*J'ai couché ici. Ils sont venus hier.*).
- Adverbs qualifying an adjective or another adverb normally come first:
  - *Elle est* **assez** *instable.*   *Elle bavarde* **beaucoup** *trop.*
- Watch out:
  - *Il a* **encore** *gagné.* He's won again.   *Il n'a pas* **toujours** *gagné.* He hasn't always won.
  - *Il n'a pas* **encore** *gagné.* He hasn't yet won.   *Il n'a* **toujours** *pas gagné.* He still hasn't won.

6c Comment éviter les adverbes longs *Avoiding long adverbs*

- *avec* + noun:
  (*clair*) *clairement* = *avec clarté*
  (*lent*) *lentement* = *avec lenteur*
  Elle s'exprime avec aisance (= *Elle s'exprime aisément*). She expresses herself easily.
- *d'un air ... d'un ton ... d'une voix ... de façon/d'une façon ... de manière/d'une manière ...* + adjective:
  Il s'est excusé d'un air confus (= *Il s'est excusé confusément*). He apologised confusedly.

7 La comparaison *Comparisons*

7a Le comparatif *The comparative*

- more ... (than)   *plus* + adjective/adverb (+ *que*)
  bigger/smaller etc. (than)   *plus* + adjective/adverb (+ *que*)
  as ... (as)   *aussi* + adjective/adverb (+ *que*)
  less ... (than)   *moins* + adjective/adverb (+ *que*)

  Remember that adjectives agree (adverbs don't):
  L'usine est **moins** *grande mais fonctionne* **plus** *efficacement* **qu'**avant.
  The factory is smaller (less big) but it performs more efficiently than before.

- more and more   *de plus en plus*
  less and less   *de moins en moins*

- better (⬅ adverb) (than)   *mieux* (*que*) (superlative of *bien*)
  better (⬅ adjective) (than)   *meilleur(e)(s)* (*que*) (superlative of *bon*)
  worse (than)   *pire(s)/plus mauvais(e/s)* (*que*)

  Il se concentre **mieux que** *toi, donc son travail est* **meilleur que** *le tien.*
  He concentrates better than you, so his work is better than yours.

- more (+ noun) (than)   *plus de/d'* (+ noun) (than)
  less/fewer (+ noun) (than)   *moins de/d'* (+ noun) (than)
  as much/many (+ noun) (than) *autant de/d'* (+ noun) (than)

  *J'ai **moins de** travail mais **autant** de soucis que toi.*   I have less work but as many worries as you.

7b Le superlatif *The superlative*

- the most + adjective   *le/la/les plus* + adj.   *les plus chers*
  the biggest/smallest . . . etc. *le/la/les plus* + adj.   *la plus grande/petite . . . etc.*
  (the) most + adverb   *le plus* + adv.   *le plus souvent*
  (the) fastest   *le plus* + adv.   *le plus vite*
  the most + noun   *le plus **de***   *le plus de problèmes*

- the least + adjective   *le/la/les moins* + adj.   *les moins compliquées*
  (the) least + adverb   *le moins* + adv.   *le moins régulièrement*
  (the) slowest . . . etc.   *le moins* + adv.   *le moins rapidement . . . etc.*
  the least + noun   *le moins **de***   *le moins d'accidents*

  *Elle est **la moins** expérimentée mais elle fait **le plus** de travail.*
  She is the least experienced but she does the most work.
  *En été, ils vont **le plus souvent** en France.*   In summer, they most often go to France.

- (the) best (adverb)   *le mieux*   (superlative of *bien*)
  the best (adjective)   *le/la/les meilleur(e)(s)*   (superlative of *bon*)
  the worst (adverb)   *le plus mal*   (superlative of *mal*)
  the worst (adjective)   *le/la/les plus mauvais(e/s)* or *le/la/les pire(s)*   (superlative of *mauvais*)

  *C'est **la plus vieille** moto.* or *C'est la moto **la plus vieille**.*
  *C'est la moto **la plus vieille** du rallye mais c'est celle qui marche **le mieux**.*
  It's the oldest motorbike in the rally, but it's the one which runs (the) best.

8 La négation *Negatives*

8a Expressions-clés *Key phrases*

- not *ne . . . pas*   . . . go on each side of the verb or the auxiliary:
  never *ne . . . jamais*   *Il **ne** pleut **plus**.* It's no longer raining.
  no longer *ne . . . plus*   *Tu **n**'as **guère** mangé.* You've hardly eaten.
  nothing *ne . . . rien*   ***Ne** travaille **pas** tant!* Don't work so hard!
  hardly *ne . . . guère*   *Je **ne** peux **rien** boire.* I can't drink anything.
                                except with infinitives:
                                  *Je préfère **ne pas** boire.* I prefer not to drink.

- nobody *ne . . . personne*   . . . go on each side of the verb/past participle:
  nowhere *ne . . . nulle part*   *Il **n**'a fait **aucun** effort.* He's made no effort.
  none *ne . . . aucun(e)*   *Il **n**'a **que** 25 ans.* He's only 25.
  only *ne . . . que*   ***N**'ajouter **que** le jaune.* Only add the yoke.
  neither . . . nor *ne . . . ni*

- *Personne, rien* and *aucun(e)* can also be used as subjects:
  ***Personne** n'est venu?* No one came?
  *Qu'est-ce que j'ai bu? **Rien**!* What did I drink? Nothing!

- When answering a negative question positively, use *si* instead of *oui*:
  – Il ne pleut pas? – Isn't it raining?
  – Si, mais pas beaucoup. – Yes, but not a lot.

8b Ne

Ne becomes *n'* before a vowel or a silent **-h**.
  *Elles **n**'habitent **plus** ici.*

- In relaxed conversation, *ne* is often omitted:
  Il n'est pas venu? ⟹ *Il est pas venu?*
  Je n'aime pas ça. ⟹ *J'aime pas ça.*

- When pronouns precede a verb, *ne* is placed first:
  Tu ne me feras pas changer d'avis. You won't make me change my mind.

8c Non

- *Tu aimes ça? Moi,* **non**. Do you like that? I don't.
  Je suis désolé, mais c'est **non**. I'm sorry, but it's a no.
  Tu viens, oui ou **non**? Are you coming, yes or no?
  Tu dis que tu m'aimes? Je pense que **non**. You say you love me? I think not.

- . . . *non plus* = neither/not either:
  Tu n'y vas pas? Moi **non plus**. *Ça ne m'intéresse pas* **non plus**.
  Aren't you going? Me neither. I'm not interested in it either.

8d Pas et plus

not really *pas vraiment*	*Il ne dit pas vraiment la vérité.*
not me/you . . . *pas moi/toi* . . .	*J'aime ça, pas vous?*
never again *plus jamais* (or: *jamais plus*)	*Je ne l'inviterai plus jamais.*

9   L'interrogation *Interrogatives* ◀ p46

Interrogatives are words used for asking questions: *quand, où, pourquoi* . . .

9a Comment formuler une question *Question styles*

There are three different styles of question in French:

- **A** Informal (spoken or written): **. . . ?**
  Tu veux parler au maire?

- **B** Widely accepted (spoken or written): **est-ce que . . . ?**
  Est-ce que *vous voulez parler au maire?*
  Pourquoi **est-ce que** *vous voulez parler au maire?*

- **C** More formal (mainly in writing): subject-verb inversion.
  Veux-tu *parler au maire?*
  Grégory **veut-il** *parler au maire?* (subject repeat: *Grégory* and *il*)
  Grégory **va-t-il** *parler au maire?* (subject repeat and **-t-** between vowels)
  Grégory **a-t-il** *parlé au maire?* (inversion with auxiliary in compound tenses)

9b Les questions négatives *Negative questions*

- Yes/no questions:
  A *Tu ne sors pas?*   (**B** not normally used)   **C** *Ne sors-tu pas?*
  A *Tu n'es pas sorti?*   **C** *N'es-tu pas sorti?*

- Other questions:
  A *Pourquoi tu n'es pas sorti?* or *Pourquoi t'es pas sorti?* (see **8b**)
  B *Pourquoi est-ce que tu n'es pas sorti?*
  C *Pourquoi n'es-tu pas sorti?*

9c What?

- As subject: What happened? **Qu'est-ce qui** *s'est passé?*

- As object: What are you looking for?
  A *Tu cherches* **quoi**?
  B **Qu'est-ce que** *tu cherches?*
  C **Que** *cherches-tu?*

- *Qu'est-ce qui* [kɛski] *Qu'est-ce que* [kɛsk]

- *Avec quoi?* What with?

9d Which? / Which one(s)?

- *Quel(s)* . . . ?/*Quelle(s)* . . . ?
  A *Tu veux* **quelle** *date?*
  B **Quelle** *date est-ce que tu veux?*
  C **Quelle** *date veux-tu?*

- *Lequel/laquelle/lesquels/lesquelles* . . . ?
  A *Tu préfère* **lequel**?
  B **Lequel** *est-ce que tu préfères?*
  C **Lequel** *préfères-tu?*

9e Who?

- As subject: **B** *Qui* **est-ce qui** me connaît?
  C *Qui* me connaît?
- As object: **A** *Tu connais* **qui**?
  B *Qui* est-ce que tu connais?
  C *Qui* connais-tu?

9f Autres expressions *Other phrases*

- *Combien (de)* how many/much
  quand when
  où where
  pourquoi why
  comment how

- *à quelle heure* what time
  avec qui with whom
  pour qui for whom
  jusqu'à quand until when
  d'où where . . . from

  A *Tu vas rentrer quand?*
  B *Où est-ce que tu vas aller?*
  C *Combien d'argent as-tu?*

10 Les pronoms personnels *Personal pronouns*

Personal pronouns replace a noun (or sometimes a phrase), generally to avoid repetition.

10a Le pronom personnel sujet *Subject pronouns*

Je, tu, il, elle, on, nous, vous, ils, elles are used as subjects in a sentence.

- Singular 'you': *tu* or *vous*?
  Vous is used much more than you may think. Only use *tu* to address a person your age (if you are below 20 or so) or younger, a relative or an adult you know very well. If in doubt, use *vous*. If people would rather be addressed as *tu*, they will let you know:
  Non, non, il ne faut pas me vouvoyer. Il faut me tutoyer.

- *On* is used very frequently instead of *nous*, especially in speaking:
  On mange à quelle heure?   *On y va?*

- Note the two accepted spellings of the past participle with *être*:
  On est déjà arrivé(s)?

- *On* can also translate 'one'/'you'/'they'/'someone' . . . , meaning people in general:
  A Paris, on circule mal.   *On peut fumer ici?*   *On a téléphoné?*

- *On* can be used instead of the passive (see **28**), which is less common in French than English:
  On a arrêté deux femmes. Two women have been arrested. (⟸▭▭▷ One has arrested . . .)

- When 'they' refers to a group containing at least one masculine element, use *ils*:
  Julie *et* **le chien**? **Ils** *sont dans le jardin.*

10b Pronoms pronominaux *Reflexive pronouns*

- *Me, te, se, nous, vous, se* are used with reflexive verbs – so called because the action 'reflects' back on the subject – and do not normally require a translation:
  Tu **te** *dépêches?* Will you hurry up? (⟸▭▭▷ hurry 'yourself' up)

- In positive commands, however, the reflexive pronoun goes after the verb, and *toi* is used instead of *te*:
  *Dépêche-***toi***! Dépêchez-***vous***!*

- In negative sentences – including commands -, *ne* comes first:
  Je ne **me** *dépêche jamais.*   *Ne* **t'***endors pas!*

- Common reflexive verbs:

s'en aller to go away	*s'endormir* to fall asleep	*s'occuper de* to look after/take care of
s'amuser to enjoy oneself	*s'ennuyer* to be bored	*se passer* to happen/take place
s'appeler to be called	*s'excuser* to apologize	*se promener* to go for a walk
s'arrêter to stop	*se fâcher* to get angry	*se rappeler* to remember
s'asseoir to sit down	*s'habiller* to get dressed	*se raser* to have a shave
se baigner to bathe/have a bath	*s'inquiéter* to worry	*se retourner* to turn round
se battre to have a fight	*s'installer* to settle down	*se réveiller* to wake up
se blesser to hurt/injure oneself	*se laver* to have a wash	*se sauver* to run away/escape
se coucher to go to bed	*se lever* to get up	*se souvenir (de)* to remember
se demander to wonder	*se mettre à* to start to	*se taire* to be/keep quiet
se dépêcher to hurry up	*se mettre en route* to set off	*se tromper* to be mistaken
se déshabiller to undress	*se moquer de* to laugh at	*se trouver* to be (situated)

- In compound tenses (perfect tense, pluperfect, etc.), the past participles of reflexive verbs agree except in rare circumstances: see **18b.**

10c Les pronoms personnels compléments *Object pronouns*

Direct object		Indirect object	
me	*me/m'*	(to) me	*me/m'*
you	*te/t'*	(to) you	*te/t'*
him/it	*le/l'*	(to) him/it	*lui*
her/it	*la/l'*	(to) her/it	*lui*
one	*se/s'**	one	*se/s'**
us	*nous*	(to) us	*nous*
you	*vous*	(to) you	*vous*
them	*les*	(to) them	*leur*

*Use in the sense of 'at/to/with . . . one another/each other':
> *On s'appelle demain et on se voit samedi, si possible?*   Let's call each other . . .

- Direct object pronouns replace a noun/idea which is a direct object (no *à* between the verb and the object):
  > *Oui, je connais **votre fille**. Je **la** vois au lycée.*   . . . I see her . . .
  > *Elle va **se marier** mais elle ne veut pas **le** faire cette année.*   . . . doesn't want to do it . . .

- Indirect object pronouns replace a noun linked to the verb by the preposition *à*:
  > *Ma prof? Je **lui** ai parlé mais je ne **lui** ai pas tout expliqué.*   . . . I spoke to her . . .

- Object pronouns go before the verb or the auxiliary *avoir/être* (see above).
  In positive commands they go after the verb, and *moi/toi* are used instead of *me/te*:
  > *Regardez-moi et parlez-moi!*

- When two pronouns are used, the direct object pronoun goes first. Notice, however, that the word order is different in commands:
  > – *Tu as dit à Max qu'elle avait téléphoné?*
  > – *Oui, je **le lui** ai dit, mais répète-**le-lui**.*   Yes, I told him so (=I said it to him) . . .

- Common verbs which take an indirect object:

acheter . . . à to buy . . . from	*parler à* to speak to
donner . . . à to give	*prêter . . . à* to lend
écrire (. . .) à to write to	*renoncer à* to give up
jouer à to play (games/sport)	*répondre à* to answer
(dés)obéir à to (dis)obey	*résister à* to resist
montrer . . . à to show	*ressembler à* to look like
offrir . . . à to give	*téléphoner à* to phone
pardonner à to forgive	*vendre . . . à* to sell

10d Les pronoms emphatiques *Emphatic pronouns*

- *Moi, toi, lui, elle, soi, nous, vous, eux, elles* – also called stressed pronouns – are used:
  - after a preposition: *Ça vient de **lui**? Et c'est pour **moi**?*
  - for emphasis: ***Moi**, je suis difficile, mais **eux**, je les aime bien.*
  - with *c'est/c'était . . .* : *Ahmed, c'est **toi**?*
  - to express possession: *Non, non, c'est le leur. C'est **à eux**.*
  - following *et*: *Son frère et **lui** habitent ensemble.*
  - in comparisons: *Je suis moins patiente qu'**eux**.*
  - before a relative pronoun: *C'est vraiment **lui** qu'elle va épouser?*
  - with *même*(s) (-self, -selves): *Ils ont construit leur maison **eux-mêmes**.*
  - with *aussi* and *seul(e)*: ***Elle aussi** était mariée, mais **moi seule** le savait.*

10e Le pronom «y» ◄◄ p37

- *Y* replaces *à/en* + place name to avoid repetition. It is either omitted altogether in English, or translated as 'there':
  > *Son magasin est génial: on **y** trouve de tout!*   . . . you can find anything (there)!
  > – *Tu aimes le cinéma?*
  > – *Oui, j'**y** vais assez souvent.*   . . . I go (there) quite often.

- *Y* can replace *à* + noun/verb with verbs like *arriver à* (to succeed in), *croire à* (to believe in) . . . (see **13c**):
  > *Au tennis? Tu **y** joues souvent?* How about tennis? Do you play often?
  > – *Tu as sorti le chien?*
  > – *Oui, j'**y** ai pensé.* Yes, I remembered (= Yes, I thought about it).

- Useful expressions:
  - *Ça y est?* Are you ready/finished?
  - *Ça y est!* That's it!/I'm done!
  - *On y va?* Shall we go?
  - *Bon, j'y vais.* Right, I'm off.
  - *Vas-y!/Allez-y!* Go on!/Go ahead!
  - *Je m'y connais.* I'm an expert.
  - *Je n'y comprends rien!* I don't understand a thing!

10f Le pronom «en»

- *En* can replace an object – to avoid repetition – when expressing a quantity. It has no translation in English:
  - *– Je n'ai pas de billet.*
  - *– Ça va, j'en ai deux.* . . . I have two.
  - *Tu cherches un vase? Il y en a plusieurs sur mon bureau.* . . . There are several . . .
  - *Vous aimez le gâteau? Prenez-en plus.* . . . Take (some) more.

- *En* can replace *du/de la/de l'/des* + noun, where it translates as 'some/any':
  - *Du champagne rosé? Je n'en ai jamais bu!* . . . I've never had any!

- *En* is used in expressions of quantity that relate to a noun + *de*:
  - *Des timbres? J'en ai des centaines!* (➡ *J'ai des centaines de timbres*)

- *En* can replace *de* + noun after certain verbs. It translates as 'him/her/it/them/some/any':
  - *J'ai besoin de tes notes* ➡ *J'en ai besoin.* I need them.
  - *Tu te souviens de sa femme?* ➡ *Tu t'en souviens?* Do you remember her?

- Common verbs followed by *de* + noun:
  - *s'apercevoir de* to notice
  - *avoir besoin de* to need
  - *bénéficier de* to benefit from
  - *changer de* to change
  - *discuter de* to talk about
  - *se servir de* to use
  - *se souvenir de* to remember

- Useful expressions:
  - *J'en ai assez!* I've had enough!
  - *J'en ai marre!* I'm fed up!
  - *Je m'en vais.* I'm off.
  - *Va-t-en!/Allez-vous-en!* Go away!
  - *Je vous en prie.* Don't mention it.
  - *Je m'en doute!* I can well imagine!
  - *Je n'en sais rien!* I have no idea!

10g L'ordre des pronoms personnels *Position of personal pronouns*

- When several pronouns are used, follow this order:

me te se nous vous	le la les	lui leur	y	en

*Et son cadeau? Tu **le lui** as donné? Je ne **lui en** ai pas parlé.*
And his/her present? Did you give it to him/her? I didn't speak to him/her about it.

*Et la date de ton mariage? Tu **la leur** as annoncée?*
How about the date of your wedding? Have you announced it to them?

*Il n'aime pas les roses mais il **m'en** a acheté un énorme bouquet.*
He doesn't like roses but he bought me a huge bunch (of them).

*Il reste de la tarte. Donne-**lui-en**.* (positive command) There is some pie left. Give him some (of it).
*Ta voiture? Ne **la lui** prête pas!* (negative command) Your car? Don't lend it to him!
*Il veut **lui en** parler?* (verb + infinitive) He wants to tell her about it?

11 Les pronoms relatifs *Relative pronouns*

Relative pronouns introduce a clause and normally refer back to a word or phrase that precedes them (the antecedent): *qui, où, dont* . . .

11a Qui ou que/qu'? *Who / whom / which / that*

- *Qui* relates to someone/something that is the subject of the verb that follows:
  - *J'ai refusé l'emploi **qui** était dans le journal.*
  - I've rejected the job which was in the paper. (*The job* – subject – was in the paper.)

- *Que/qu'* relates to someone/something that is the object of the verb that follows:
  J'ai refusé l'emploi **que** *tu voulais.* I've rejected the job (which) you wanted. (You wanted *the job* – object).

- When referring to people (not things) *qui* can also be used after a preposition: *à qui / avec qui / pour qui / sans qui . . .* :
  Tu connais le dentiste **avec qui** *j'ai déjeuné?*
  Do you know the dentist I had lunch with? (. . . *with whom* I had lunch?)

- *Ce qui/que* (What) – use *ce qui* when referring to the subject of the verb and *ce que/qu'* when referring to the object:
  Sa réaction est **ce qui** *m'intéresse.* (◄▬▬► *Sa réaction m'intéresse*) His/her reaction is what interests me.
  Sa réaction est **ce que** *je redoute.* (◄▬▬► *Je redoute sa réaction*) His/her reaction is what I fear.

- *Celui* (*ceux, celle, celles*) *qui/que* (The one . . .) work in parallel with *ce qui/ce que* above. They can refer to persons or objects:
  Oui, j'ai deux cousins. **Celui que** *tu connais est divorcé et* **celui qui** *vit à Paris est marié.*
  Yes, I have two cousins. The one you know is divorced and the one who lives in Paris is married.

11b Lequel, lesquels, laquelle, lesquelles *Which*

- These pronouns can be used after a preposition (*avec, sans, pour . . .*). If you find them difficult to use, use the alternatives in brackets:
  J'ai trouvé le placard **dans lequel** *il s'était caché.* (= . . . **où** *il s'était . . .*)
  I found the cupboard in which he had hidden. (where he had hidden)
  Tu connais le dentiste **avec lequel** *j'ai déjeuné?* (= . . . **avec qui** . . .)
  Do you know the dentist with whom I had lunch? (who I had lunch with)

- With *à*, use *auquel/à laquelle/auxquels/auxquelles*, and with *de*, use *duquel/de laquelle/desquels/desquelles*:
  C'est la fille **à laquelle** *j'ai demandé de sortir avec moi.* (= . . . **à qui** . . .)
  She's the girl who I asked to go out with me.
  Tu as vu le film **duquel** *je t'ai parlé?* (= . . . **dont** . . . (see **11c**))
  Have you seen the film which I told you about?

11c Dont *(Of) which/(of) whom/whose*

- *Dont* relates to the object in clauses containing a verb with *de*: *parler de, avoir besoin de, se servir de . . .* (see **13b**):
  J'ai acheté le magazine **dont** *tu m'avais parlé.* (*parler* **du** *magazine*)
  I've bought the magazine you'd told me about. (◄▬▬► of which you'd told me)

- *Dont* can be translated as 'whose'. Notice the use of an article after *dont*:
  Ce sont les gens **dont** *le fils a gagné à la loterie.* These are the people whose son won the lottery.
  Notice the word order in this example:
  C'est l'actrice **dont** *tu connais le mari?*
  Is she the actress whose husband you know? (= . . . of whom you know the husband)

- *Dont* can also mean 'including':
  Nous étions cinq, dont mon frère. There were five of us, including my brother.

- *Ce dont* can replace a verb structure with *de*:
  Ce dont *il rêve, c'est d'émigrer.* (◄▬▬► *Il rêve d'émigrer*) What he dreams of is emigrating.

- *Dont* can also mean 'including' or 'among which/whom', as in the examples below. Notice the difference in word order between French and English:
  Il a trois voitures, **dont** *une Renault toute neuve.* He has three cars, including a brand new Renault.
  J'ai trois cousins, **dont** *deux vivent au Québec.* I have three cousins, two of whom live in Quebec.

11d Où *Where / when*

- *Où* = where:
  J'aime beaucoup la ville **où** *je suis née.* I very much like the town where I was born.

- *Où* = when, in some expressions of time: *le jour/le moment/l'année/la fois . . .* :
  Il a plu constamment la semaine **où** *elle est venue.* The week (when) she came, it rained constantly.

- *D'où* means 'where from':
  D'où viens-tu? Where are you from? (or: Where have you been?)
  It can also mean 'hence':
  L'économie s'améliore, **d'où** *les créations d'emplois de ces derniers mois.*
  The economy is improving, hence the jobs created in recent months.

Prepositions establish a relationship with the noun or pronoun that follows: ***avec*** *ses enfants;* ***pour*** *lui . . .*

12a **Les prépositions avant un nom** *Prepositions + nouns*

Here are the most common English prepositions, with their most common translations. Use a dictionary for further examples:

At

à *Noël* at Christmas
à *cinq heures* at five o'clock
au *restaurant*
   at the restaurant's (place)
à la *boucherie*
   at the butcher's (place)
chez *le boucher*
   at the butcher's (person)

As

aussi *jeune que...* as young as...
comme *métier* as a job
en *couple* as a couple (*vivre ~*)
en tant que *Président* as
   President (= in my role as...)

In

dans *mon sac* in my bag
dans *deux heures*
   in two hours' time
en *deux heures*
   in/within two hours
en *Pologne* in Poland (nf)
au *Japon* in Japan (nm)
à *Paris* in Paris (town)
à la *campagne* in the country
au *lit* in bed
en *anglais* in English
en 1998 in 1998

On

sur *la table* on the table
à *pied* walking (on foot)
à *cheval* on horseback
en *voiture* by car
à *gauche* on the right
le *mardi* on Tuesdays
dans *le bus* on the bus
en *vacances* on holiday

To

en *Pologne* to Poland (nf)
au *Japon* to Japan (nm)
à *Paris* to Paris (town)
à la *campagne* to the country
au *lit* to bed
au *restaurant*
   to the restaurant's (place)
à la *boucherie*
   to the butcher's (place)
chez *le boucher*
   to the butcher's (person)

Towards

vers *Paris* towards Paris
vers *deux heures*
   around two o'clock
envers *moi* towards me
   (*elle est honnête ~*)

12b **Les prépositions avant un verbe** *Preposition + verb*

- When used after a preposition, verbs should always be in the infinitive:
  *J'ai offert **de** les aid**er**.* I offered to help them.
  Exception: *en* + present participle (see **17**).

- Prepositions *à/de* + verb: see **13c** and **13d**.

- Other prepositions:
    afin de in order to
    au lieu de instead of
    avant de before (. . . ing)
    de peur de for fear that
    en train de in the process of

  (*finir/commencer*) *par* by (. . . ing)
  pour to; in order to; so as to
  sans without (. . . ing)
  sur le point de about to

Il a fini par accepter pour me faire plaisir. He ended up agreeing to make me happy.

The infinitive is the basic verb form found in dictionaries: to help, to ask . . . French infinitives end in **-er**, **-ir** or **-re**.

13a Usage *Uses*

- On its own: *Ne pas fumer.* No smoking.

- After a verb: *Je peux fumer?* May I smoke?

- After a preposition: *On n'a pas le droit de fumer ici.* Smoking is forbidden here.
  Il m'a autorisé à fumer. He allowed me to smoke.

- As a noun: *Fumer rend malade.* Smoking makes you ill.

13b Verbe + infinitif *Verb + infinitive*

adorer to love to/(. . . ing)
aimer to like to/(. . . ing)
aller to go (and)
compter to intend to
croire to think, believe
descendre to go down (and)
désirer to wish to
détester to hate (. . . ing)
devoir to have to
entendre to hear . . . (. . . ing)
envoyer to send . . . to
espérer to hope to
faire to make
falloir to have to
laisser to let
monter to go up (and)
oser to dare
pouvoir to be able to

préférer to prefer to/(. . . ing)
prétendre to claim to
regarder to watch
savoir to know how to
sembler to seem to
souhaiter to wish to
valoir mieux to be better to
vouloir to want to

- Notice the variety of
  structures in English:
  Je crois pouvoir t'aider.
  I think I can help you.
  Va leur demander.
  Go and ask them.
  J'aime mieux nager.
  I prefer swimming.

13c Verbe + «à» + infinitif *Verb + à + infinitive*

aider . . . à to help . . . to
s'amuser à to enjoy (. . . ing)
apprendre (à . . .) à to learn
 (teach . . .) to
s'apprêter à to be about to
arriver à to succeed in
s'attendre à to expect to
autoriser . . . à to allow . . . to
avoir . . . à to have . . . to
chercher à to try/seek to
commencer à to begin to
consister à to consist in
continuer à to continue to
se décider à to make up one's mind to

s'habituer à to get used to   (. . . ing)
hésiter à to hesitate to
inviter . . . à to invite . . . to
se mettre à to start to
obliger . . . à to oblige . . . to
passer son temps à to spend one's   time (. . . ing)
perdre son temps à to waste one's   time (. . . ing)
se préparer à to prepare oneself to
renoncer à to give up (. . . ing)
réussir à to succed in (. . .   ing)/manage to
servir à to be used for (. . . ing)
songer à to think of (. . . ing)   /remember to
tenir à to be keen to

J'ai des lettres à poster. I have letters to post.
Elle a cherché à me convaincre. She tried to convince me.

Verbe + «de» + infinitif *Verb + de + infinitive*

Some of these verbs, as indicated, can take an indirect object (*à* + person) + *de* + infinitive:

accepter de to agree to
accuser . . . de to accuse . . . of
(s')arrêter de to stop (. . . ing)
avoir besoin de to need to
avoir envie de to feel like (. . . ing)
avoir peur de to be scared of (. . . ing)
conseiller (à . . .) de to advise . . . to
décider de to decide to
défendre (à . . .)de to forbid . . . to
demander (à . . .) de to ask . . . to
dire (à . . .) de to tell . . . to
s'efforcer de to strive to
empêcher (à . . .) de to prevent . . . from (. . . ing)
essayer de to try to
éviter de to avoid (. . . ing)
faire semblant de to pretend to
finir de to finish (. . . ing)
interdire (à . . .) de to forbid . . . to

jurer (à . . .) de to swear to
menacer . . . de to threaten . . . to
mériter de to deserve to
offrir (à . . .) de to offer to
ordonner (à . . .) de to order . . . to
oublier de to forget to
permettre (à . . .) de to allow . . . to
persuader . . . de to persuade . . . to
promettre (à . . .) de to promise to
proposer (à . . .) de to offer to/suggest (. . . ing)
refuser de to refuse to
regretter de to regret (. . . ing)
risquer de to risk (. . . ing)
se souvenir de to remember to
suggérer (à . . .) de to suggest (. . . ing)
tenter de to try to
venir de to have just (+ past part.)

J'ai refusé d'aider mon fils. I refused to help my son.
Tu risques de te faire mal au dos. You risk hurting your back.

13e **Adjectif + «à/de» + infinitif** *Adjective + à/de + infinitive*

difficile à hard to
facile à easy to
impossible à impossible to
le premier à the first to
le seul à the only one to
prêt à ready to

capable de capable of (. . . ing)
certain de certain to
content de happy to
heureux de happy to
ravi de delighted to
sûr de sure to

C'est facile à dire. It's easy to say.
Je suis sûre d'échouer!
    I'm sure to fail!

13f **Autres prépositions + infinitif** *Other prepositions + infinitive*

● See **12b**.

13g **Quantité + «à» + infinitif** *Quantity + à + infinitive*

beaucoup à
énormément à
moins à
plus à

quelque chose à
rien à
suffisamment à
trop à

Je n'ai rien à vous dire! I have nothing to tell you!

14 **Le présent** *The present tense*

● Verb endings often depend on infinitive endings: **-er/-ir/-re**.

● The present is possibly the 'messiest' tense and the **-er/-ir/-re** approach you may have come across in the past rarely works for **-ir/-re** verbs, hence the four patterns below.

● For less common verbs not listed here nor on pp148–55, consult your dictionary. The *Collins-Robert French Dictionary* numbers each verb definition, and these numbers refer to the verb tables at the back. This is useful because, often, just two or three 'irregular' verbs share a pattern of their own.

14a Conjugaison *Formation*

	1	2	3	4
je	compt**e**	rempl**is**	condu**is**	rend**s**
tu	compt**es**	rempl**is**	condu**is**	rend**s**
il	compt**e**	rempl**it**	condu**it**	rend
elle	compt**e**	rempl**it**	condu**it**	rend
on	compt**e**	rempl**it**	condu**it**	rend
nous	compt**ons**	rempl**issons**	condu**isons**	rend**ons**
vous	compt**ez**	rempl**issez**	condu**isez**	rend**ez**
ils	compt**ent**	rempl**issent**	condu**isent**	rend**ent**
elles	compt**ent**	rempl**issent**	condu**isent**	rend**ent**

Pattern 1
Most *-er* verbs + *cueillir* to pick, *découvrir, offrir, ouvrir, souffrir*: *je cueille, tu cueilles . . .*
Pattern 2
Some *-ir* verbs: *choisir, établir, finir, remplir* to fill, *saisir* to seize, grab (see also **p149** *connaître*)
Pattern 3
Some *-re* verbs: *conduire* to drive, *cuire* to cook, *lire, séduire, suffire*
Pattern 4
Some *-re* verbs: *attendre, descendre, perdre, rendre* to return, give back, *vendre*

14b Verbes semi-irréguliers *Semi-irregular verbs*

- Verbs ending in *-cer* (*commencer*): *nous commençons* – cedilla to retain the **-c-** sound of the infinitive.

- Verbs ending in *-ger* (*manger*): *nous mangeons* – **-e-** to retain the **-g-** sound of the infinitive.

- Verbs ending in *-eler* (*s'appeler*) or *-eter* (*jeter* to throw): double **l** or double **t** except with *nous/vous*:
  *je je**tt**e, tu je**tt**es, il je**tt**e, nous jetons, vous jetez, ils je**tt**ent.*

- *Acheter, achever* to finish, *amener* to bring, *emmener* to take away, *geler* to freeze, *peser* to weigh, *se promener*: **-è-** except with *nous/vous*:
  *j'ach**è**te, tu ach**è**tes, il ach**è**te, nous achetons, vous achetez, ils ach**è**tent.*

- *Compléter, exagérer, inquiéter, libérer, posséder, préférer, protéger, répéter, suggérer* – **-è-** except with *nous/vous*:
  *je sugg**è**re, tu sugg**è**res, il sugg**è**re, nous suggérons, vous suggérez, ils sugg**è**rent.*

- *Employer, ennuyer, envoyer, essayer, essuyer, nettoyer, payer* – **-y-** usually only remains with *nous/vous*:
  *je paie, tu paies, il paie, nous pa**y**ons, vous pa**y**ez, ils paient.*

14c Verbes irréguliers *Irregular verbs*

- Most common irregular verbs (see pp148–55):
  aller – devoir – dire – écrire – être – faire – lire – mettre – ouvrir – partir – pouvoir – préférer – prendre – savoir – sortir – venir – voir – vouloir

14d Usage *Using the present*

- The present tense is used to describe:
  – continuous action: I **am drawing**. *Je dessine.*
  – current state: I **am blond**. *Je suis blond.*
  – regular action: I **draw** every night. *Je dessine tous les soirs.*

- You can, instead, use *être en train de* + infinitive to emphasize that something is in the middle of happening:
  Je suis en train de dessiner. I am drawing / I am in the middle of drawing.

- As in English, the present tense sometimes refers to the near future:
  *Je **vais** en ville ce soir.* I'm going to town this evening.

- It is sometimes used to make the past feel more immediate and dramatic:
  *A 3h ce matin, un avion **se pose** d'urgence sur l'autoroute.* . . . a plane landed . . .

- It is used in these structures, where English uses the perfect continuous or the perfect:

  J'attends depuis *5h.* I've been waiting since 5 o'clock.

  J'attends depuis *20 minutes.*/**Il y a/Ça** *fait 20 minutes* **que** *j'attends.*
  I've been waiting (for) 20 minutes.

  Je **viens** *d'arriver.* I've just arrived.

15 Le futur *The future tense*

15a Conjugaison *Formation*

Add these endings to the **-r** of the infinitive ending:

je ⟷ **-ai**		*nous* ⟷ **-ons**	
tu ⟷ **-as**		*vous* ⟷ **-ez**	
il/elle/on ⟷ **-a**		*ils/elles* ⟷ **-ont**	

changer ⟹ *je changer***ai** . . .

finir ⟹ *je finir***ai** . . .

lire ⟹ *je lir***ai** . . .

*lire – je lir***ai***, tu lir***as***, il/elle/on lir***a***, nous lir***ons***, vous lir***ez***, ils/elles lir***ont**

15b Verbes irréguliers *Common irregular verbs (irregular stem but regular endings):*

aller ⟹ *j'irai*. . .	*il faut* ⟹ *il faudra* . . .
avoir ⟹ *j'aurai* . . .	*pouvoir* ⟹ *je pourrai* . . .
courir ⟹ *je courrai* . . .	*recevoir* ⟹ *je recevrai* . . .
devoir ⟹ *je devrai* . . .	*savoir* ⟹ *je saurai* . . .
envoyer ⟹ *j'enverrai* . . .	*venir* ⟹ *je viendrai* . . .
être ⟹ *je serai* . . .	*voir* ⟹ *je verrai* . . .
faire ⟹ *je ferai* . . .	

- *acheter*, etc. (see **14b**): *j'ach***è***terai* . . . (**-è-** instead of **-e-** throughout)
- *employer*, etc. (see **14b**): *j'emplo***i***erai* . . . (**-e-** instead of **-y-** throughout)
- verbs ending in *-eler/-eter* (see **14b**): *appeler* ⟹ *j'appe***ll***erai* . . . *jeter* ⟹ *je je***tt***erai* . . .

15c Usage *Using the future*

- The future is used to refer to what will happen:

  Je reviendrai jeudi. I will come back/I will be coming back on Thursday.

- *Aller* + infinitive (to be going to . . .) is also used a lot:

  Vous **allez** *démissionne***r**? Are you going to resign?

- When referring to the future, English uses the present tense after 'when' and 'as soon as'. French, however, uses the future:

  Je t'expliquerai **quand** *tu* **rentreras***.* I'll explain when you get back.

  Je t'appellerai **dès qu**'*elle* **partira***.* I'll call you as soon as she leaves.

15d Le futur antérieur *The future perfect*

- This normally refers to an event that *will* have happened *before* another future event:

  J'aurai mangé quand tu arriveras. I will have eaten when/by the time you arrive.

- **Formation**: future of *avoir/être* + past participle.

  Le temps que vous trouviez un parapluie, le soleil sera revenu. By the time you find an umbrella, the sun will have come back.

  D'ici 2050, les scientifiques auront probablement trouvé un remède pour le cancer. By 2050, scientists will probably have found a cure for cancer.

16a Le conditionnel présent: conjugaison *The present conditional: formation*

- Add these endings to the **-r** of the infinitive ending:

  je ◀▦▦▦▶ **-ais**   nous ◀▦▦▦▶ **-ions**
  tu ◀▦▦▦▶ **-ais**   vous ◀▦▦▦▶ **-iez**
  il/elle/on ◀▦▦▦▶ **-ait** ils/elles ◀▦▦▦▶ **-aient**

  changer ▦▶ *je changer***ais** . . .
  finir ▦▶ *je finir***ais** . . .
  lire ▦▶ *je lir***ais** . . .
  *lire – je lir***ais**; *tu lir***ais**; *il/elle/on lir***ait**; *nous lir***ions**; *vous lir***iez**; *ils/elles lir***aient**
  In fact, conditional present = stem of the future tense + imperfect endings.

- Irregular verbs: as in the future (see **15b**), but with the conditional endings: **j'irais, j'aurais** . . .

16b Usage du conditionnel présent *Using the present conditional*

- Describing what would happen (. . . if certain 'conditions' were to be met):
  *S'il était absent, je **partirais** plus tôt.* If he were away I'd leave earlier.

- Reported speech:
  Elle a dit qu'elle téléphonerait. She said she'd ring.

- Making allegations or checking facts (news items) not yet confirmed:
  D'après elle, il aurait 40 ans. According to her, he is/would appear to be 40.
  Il serait sur le point de réussir He is said to be about to succeed /Apparently, he is . . .

- Wishes, suggestions and polite requests:
  Je voudrais déménager I'd like to move house.
  Tu devrais te teindre les cheveux. You should dye your hair.
  Pourriez-vous me dire . . . ? Could you please tell me . . . ?

16c Le conditionnel passé *The past conditional*

- Formation – present conditional of *avoir/être* + past participle.

- Uses – translates the idea of 'would have':
  Sans moi, il aurait continué, il serait tombé et il se serait blessé.
  Without me, he would have carried on, and he would have fallen and hurt himself.
  The past conditional of *devoir* is translated by 'should have' and the past conditional of *pouvoir* is translated by 'could have':
  Tu aurais dû m'attendre. You should have waited for me.
  Ils auraient pu m'écrire! They could have written to me!

17 Le participe présent *Present participles (or 'gerunds')*

Present participles are the verb form ending in **-ing** in English and in **-ant** in French.

17a Formation *Formation*

- Formation is based on the *nous* stem of the present tense:
  travaill(ons) ▦▶ *-ant* ▦▶ *travaillant*   *mange(ons)* ▦▶ *-ant* ▦▶ *mangeant*

- Exceptions:
  avoir ▦▶ *ayant*   *être* ▦▶ *étant*   *savoir* ▦▶ *sachant*

17b Usage *Using present participles*

- Present participles are used:
  – frequently with *en* (manner/cause/simultaneity):
  *Elle est tombée malade **en buvant** trop.* She got ill from/through drinking too much.

*Il est entré **en chantant**.*   He came in singing.

***En** les **voyant**, j'ai vite compris.*   On seeing them, I quickly understood.

*J'ai maigri **en nageant** régulièrement.*   I slimmed by swimming regularly.

— with *tout en* (simultaneity/contradiction):

*Je travaille **(tout) en mangeant**.*   I work while eating.

*J'ai accepté **(tout) en protestant**.*   I accepted under protest.

— on their own:

***Pensant** réussir, je n'ai pas révisé.*   Thinking I was going to pass, I didn't revise.

● Careful – English verb forms in **-ing** do not always translate as present participles:

I am working.   *Je travaille/Je suis en train de travailler.* (present tense)

He was sleeping.   *Il dormait.* (imperfect tense)

● Present participles are invariable, except when used as adjectives:

Elle peint des portraits fascinants.   She paints fascinating portraits.

---

18   **Le participe passé** *Past participles*   ◀ p81

Past participles are the verb form which, in English, is used after 'have': 'I have said'. They are also used in the passive after the verb 'to be'. In French, they are used in compound tenses (perfect, pluperfect) after *avoir* or *être*.

18a   **Formation** *Formation*

-er	**-ir**	**-re**
arriv(er) ➡ **é:** *arrivé*	*fin(ir)* ➡ **i:** *fini*	*vend(re)* ➡ **u:** *vendu*

● Most common irregular past participles (classified to facilitate learning):

— ending in **-u** or **-û**:

bu (boire)	*eu (avoir)*	*su (savoir)*
connu (connaître)	*lu (lire)*	*tenu (tenir)*
couru (courir)	*paru (paraître)*	*vécu (vivre)*
cru (croire)	*plu (plaire/pleuvoir)*	*venu (venir)*
devenu (devenir)	*pu (pouvoir)*	*voulu (vouloir)*
dû (devoir)	*reçu (recevoir)*	*vu (voir)*

— ending in **-i**, **-is**, or **-it**:

ri (rire)	*mis (mettre)*	*conduit (conduire)*
suivi (suivre)	*pris (prendre)*	*écrit (écrire)*

— other:

été (être)	*mort (mourir)*	*ouvert (ouvrir)*
fait (faire)	*né (naître)*	*peint (peindre)*

● Verbs constructed from other verbs (e.g. from *prendre*) follow the same pattern:

pris (prendre) -> appris (apprendre), compris (comprendre), repris (reprendre)

18b   **Usage** *Using past participles*

● Past participles are a verb form equivalent to 'given/seen/answered', etc., as in:

I have **given**

You have **seen**

He has **answered** (not as in I answered)

● They are used in compound tenses (tenses that use the auxiliary *avoir* or *être*), for example in the perfect and pluperfect (see **19** & **22**):

*J'ai **attendu** mais il avait **oublié**.*   I waited but he had forgotten.

● They are also used in the passive (see **28**), as in English:

*Les élections ont été **fixées** pour le 17 juin.*   The election date has been set for the 17th June.

● Some past participles can be used as adjectives:

*Elles sont **fatiguées**.*   They are tired.

*Nous sommes **enchantés**.*   We are delighted.

- Past participles are invariable except:
- with verbs that use *être*, including reflexive verbs in most cases (see below):
  > *Nous sommes **allés/allées** à la manif.*   We went to the demo.
  > *Elles se sont **perdues**.*   They got lost.
- in the passive (see **28**):
  > *Les élections ont été **fixées** pour le mois prochain.*   The elections have been arranged for next month.
- when used as adjectives:
  > *Elles sont **fatiguées**.*   They are tired.
  > *Nous sommes **enchantés**.*   We are delighted.
- in compound tenses with *avoir*, when referring to an object placed **before** the verb:
  > – *Tu as vu **les cartes** que j'ai achet**ées**?*   (◀━━▶ *J'ai acheté **les cartes**)*
  >   object   past participle
  > – *Oui, je **les** ai bien regard**ées**.*   (◀━━━▶ *J'ai bien regardé **les cartes**)*
  >   object   past participle

- The past participles of reflexive verbs agree, except:
- when the idea of 'each other/one another' is conveyed by a verb which would normally be followed by *à*:
  > *Ils se sont **regardés**.*   (*regarder* is transitive)
  > They looked at each other.
  > *Ils se sont **parlé**.*   (*parler* is intransitive: *parler **à***)
  > They spoke to each other.
- when the past participle of *faire* is followed by an infinitive:
  > *Nous nous sommes **fait** attaquer.*
  > We were attacked. (We got ourselves attacked)

19 ▌ Le passé composé *The perfect tense*

19a Conjugaison *Formation*

- Most verbs: present tense of *avoir* + invariable past participle (see **18**):
  > *j'ai parlé/fini/vendu*
  > *tu as parlé/fini/vendu*
  > *il a parlé/fini/vendu*
  > *elle a parlé/fini/vendu*
  > *on a parlé/fini/vendu*
  > *nous avons parlé/fini/vendu*
  > *vous avez parlé/fini/vendu*
  > *ils ont parlé/fini/vendu*
  > *elles ont parlé/fini/vendu*

- *Être* verbs and reflexive verbs (see **10b**): present tense of *être* + past participle – with agreement:
  > *je suis venu(e)*
  > *tu es venu(e)*
  > *il est venu*
  > *elle est venue*
  > *on est venu(s)*
  > *nous sommes venus/ues*
  > *vous êtes venus/ues*
  > *ils sont venus*
  > *elles sont venues*

  > *je me suis levé(e)*
  > *tu t'es levé(e)*
  > *il s'est levé*
  > *elle s'est levée*
  > *on s'est levé(s)*
  > *nous nous sommes levés/ées*
  > *vous vous êtes levés/ées*
  > *ils se sont levés*
  > *elles se sont levées*

- Most common irregular past participles: see **18**.

- Most common reflexive verbs: see **10b**.

- Most common *être* verbs (often called 'verbs of motion'):
aller to go	*arriver* to arrive	*entrer* to go in
venir to come	*partir* to leave	*sortir* to go out
*monter** to go up/get into	*naître* to be born	*rentrer** to go home
*descendre** to go down/get off	*mourir* to die	*revenir* to come back
devenir to become	*tomber* to fall	*retourner** to go back
rester to stay/remain	*passer** to go past/drop in	

- All *être* verbs are intransitive:
  > *Ils sont passés à 3h.* They dropped in at 3.00.
  > *Vous êtes rentrés tard?* Did you come back late?

- The verbs marked * can also be used transitively, in which case they take *avoir*:
  > *Ils m'ont passé leurs notes.* They've passed me their notes.
  > *Vous avez rentré la poubelle?* Did you bring the bin in?

19b Usage *Using the perfect tense*

- The perfect tense is used to describe completed actions in the past. It can translate several English structures: *J'ai acheté leurs CD.*
  I *bought* their CDs. I *have bought* their CDs. I *have been buying* their CDs. I *did buy* their CDs.

19c L'infinitif passé *The perfect infinitive*

- Formation: – *avoir* + past participle:
    – *avoir mangé*
    – or *être* + past participle: *être parti(e)(s)*; *s'être couché(e)(s)*
- Use: *Il est parti* **après avoir mangé**. He left after eating. (⟵▬▶ . . . after he had eaten.)
          J'ai entendu un bruit **après m'être couchée**. I heard a noise after going to bed.

---

20   L'imparfait *The imperfect tense*

20a Conjugaison *Formation*

- Use the *nous* stem of the present tense +: *-ais, -ais, -ait, -ions, -iez, -aient*.
    parler (**parl**ons) ▬▶ *je* **parlais** . . .
    finir (**finiss**ons) ▬▶ *je* **finissais** . . .
    vendre (**vend**ons) ▬▶ *je* **vendais** . . .
  Watch out – in the present tense, the *nous* stem may be different from the infinitive:
    boire (**buv**ons) ▬▶ *je* **buvais** . . .
    manger (**mange**ons) ▬▶ *je* **mangeais** . . .
- Only exception to above rule: *être* ▬▶ **j'étais** . . .

20b Usage *Using the imperfect*

- The imperfect is used mainly:
    – to describe what something/someone was or used to be like:
        Il **pleuvait**. It was raining.
        Il **portait** *des lunettes*. He wore/He used to wear glasses.
        C' **était** *génial!* It was great!
    – to describe actions in the past that were still going on at the time:
        Elle **travaillait** *à temps partiel*. She was working part-time.
    – to describe actions that used to happen frequently in the past:
        Elle **trichait** *en maths*. She used to cheat in maths.
    – to describe past actions that were interrupted:
        Elle **trichait** *quand j'ai levé les yeux*. She was cheating when I looked up.
    – after *si* in sentences that use the present conditional:
        Si je **jouais**, *je* **perdrais** *probablement*. If I played I would probably lose.
- Also:
    – when making suggestions:
        Si on **sortait** *ce soir?* How about going out tonight?
    – with *venir de* + infinitive ('. . . had just . . .'):
        Nous **venions** *d'arriver*. We had just arrived.
    – with *depuis* ('. . . had been . . .'):
        Elle attendait **depuis** *7h*. She'd been waiting since 7.00.
    – with *être en train de* + infinitive, to emphasize continuity:
        J' **étais en train de** *prendre une douche quand tu as appelé*.
        I was (in the middle of) having a shower when you called.

21   **Le passé composé ou l'imparfait?** *Perfect or imperfect?*

When translating 'had' or 'was/were', choose your tense carefully:

- Description in the past ⟹ **imperfect**:
  He was often ill. *Il était souvent malade.*
  In those days she had cats. *Elle avait des chats à cette époque-là.*

- Completion in the past ⟹ **perfect**:
  He was ill for five years. *Il a été malade pendant cinq ans.*
  She had cats until she moved. *Elle a eu des chats jusqu'à son départ.*

- Completion at a specific time ⟹ **perfect**:
  He was surprised to see me. *Il a été surpris de me voir.*
  She had a shock on seeing him. *Elle a eu un choc en le voyant.*

22   **Le plus-que-parfait** *The pluperfect*

22a **Conjugaison** *Formation*

Imperfect of *avoir* or *être* + past participle:

j'avais parlé	*j'étais venu(e)*	*je m'étais levé(e)*
tu avais parlé . . .	*tu étais venu(e) . . .*	*tu t'étais levé(e) . . .*

- The pluperfect is modelled on the perfect tense:
  – *être* verbs agree but *avoir* verbs don't (list of *être* verbs: see **19a**)
  – reflexive verbs (see **10b**) take *être*.

22b **Usage** *Using the pluperfect*

- The pluperfect translates the idea of 'had done':
  *J'ai appelé mais il **était sorti**.* I called but he had gone out.

- It is also used in reported speech:
  *Ils ont dit qu'ils n'**avaient** rien **vu**.* They said (that) they hadn't seen anything.

23   **«Si» + quel temps?** *Use of tenses with si*

- Common patterns:
  – If I pass I'll go to university. *Si je **réussis**, **j'irai** à l'université.* (*si* + present + future)
  – If I passed I'd go to university. *Si je **réussissais**, j'**irais** à l'université.* (*si* + imperfect + conditional)
  – If I had passed I would have gone to university. *Si j'**avais réussi**, je **serais allé(e)** à l'université.*
    (*si* + pluperfect + past conditional)

- Also – *si* + perfect + present/future:
  – If/Since you've passed, why are you worrying? *Si tu as réussi, pourquoi est-ce que tu t'inquiètes?*
  – If/Since you've passed, you'll be able to rest now. *Si tu as réussi, tu vas pouvoir te reposer maintenant.*

24   **«Depuis» + quel temps?** *Use of tenses with* **depuis**

- **Perfect tense in English – present in French:**
  – I've been working since 9.00.
    *Je **travaille** depuis 9h.*
  – I've been working for nine hours.
    *Je **travaille** depuis neuf heures.*
    (*Ça fait/Il y a neuf heures que je **travaille**.*)
  – I've been working since you left.
    *Je **travaille** depuis que tu es parti.*

- **Pluperfect in English – imperfect in French:**
  – I'd been working since 9.00.
    *Je **travaillais** depuis 9h.*
  – I'd been working for nine hours.
    *Je **travaillais** depuis neuf heures.*
    (*Ça faisait/Il y avait neuf heures que je travaillais.*)
  – I'd been working since you'd left.
    *Je **travaillais** depuis que tu étais parti.*

- Negative sentences – perfect tense in French and in English:
  I haven't been working for three days. *Je **n'ai pas travaillé** depuis trois jours.*

- The difference between *depuis* and *pendant*?

  Je travaille depuis neuf heures. I've been working for nine hours. (◀━━━▶ I am still working)

  J'ai travaillé pendant cinq heures. I worked for nine hours. (◀━━━▶ I have now stopped working)

25   Le passé simple   *The past historic*

25a Conjugaison   *Formation*

- Stem of the infinitive (infinitive minus **-er/-ir/-re**) +:
  - endings for **-er** verbs: *-ai, -as, -as, âmes, âtes, èrent*
  - endings for **-ir/-re** verbs: *-is, -is, -it, -îmes, -îtes, -irent*

    je parlai, tu parlas, il parla, nous parlâmes, vous parlâtes, ils parlèrent

    je finis, tu finis, il finit, nous finîmes, vous finîtes, ils finirent

- Many common verbs are irregular: see verb tables pp148–55. Some of those have endings containing the letter **-u**:

  avoir: j'eus, tu eus, il/elle/on eut, nous eûmes, vous eûtes, ils/elles eurent

  être: je fus, tu fus, il/elle/on fut, nous fûmes, vous fûtes, ils/elles furent

25b Usage   *Using the past historic*

- Just like the perfect tense, the past historic is used to describe actions/events completed in the past: what someone did or what happened. It is used only (but not always) in literature. Otherwise, (in speech, newspapers, informal writing) the perfect tense is used:

  Il décida de lui cacher la vérité. He decided to hide the truth from her.

- Unless you write literary narratives, you will not need to use this tense, but you do need to be able to recognize it in reading.

26   Le passé antérieur   *The past anterior*

- Formation: *avoir* or *être* in the past historic + past participle.

- This is a tense used mainly in literature, with expressions of time like *dès que/aussitôt que*, in sentences where the main verb is in the past historic (see **25**):

  Dès qu'elle fut entrée, elle débrancha le téléphone. As soon as she had come in, she unplugged the telephone.

  Aussitôt qu'il m'eut vu, il se mit à courir. The minute he saw me, he started to run.

- Nowadays alternative structures are used more and more:

  Dès son entrée, . . .   *Aussitôt après m'avoir vu, . . .*

- You only need to be able to recognize this tense in reading.

27   L'impératif   *The imperative*

27a Usage et conjugaison   *Use and formation*

- The imperative is used to give instructions and commands and to make suggestions.

- Formation: present tense (2nd person singular; 1st and 2nd persons plural):

  Attends! Wait! *Attendons!* Let's wait! *Attendez!* Wait!

- The *tu* form of **-er** verbs loses its **-s** except before *en* or *y*:

  Mange vite. Eat quickly. *Manges-en.* Eat some.

- Pronouns go after the verb (hyphenated) except in negative sentences:

  Levez-vous! Get up! *Prenez-les.* Take them. *Ne parlez pas!* Don't speak!

  Moi/toi are used instead of *me/te*:

  Tu m'écoutes? Ecoute-moi!

- Word order in negative sentences:

  Répondons. ➡ *Ne répondons pas.*

  Répondez-lui! ➡ *Ne lui répondez pas!*

- Most verbs are regular. Common exceptions:
  - *avoir* ⟹ *aie, ayons, ayez*   *N'ayez pas peur!* Don't be afraid!
  - *être* ⟹ sois, soyons, soyez   *Soyez sages!* Be good!
  - *savoir* ⟹ *sache, sachons, sachez*   *Sachez que* . . . I'll have you know that . . .
  - *vouloir* ⟹ *veuillez*   *Veuillez accepter* . . . Please accept . . .
- French sometimes uses the infinitive instead of the imperative:
  recipes: *Ajouter deux jaunes d'œuf.* Add two egg yokes.
  signs: *Ne pas déranger.* Do not disturb.
  directions for use: *Prendre un comprimé par jour.* Take one tablet a day.

27b Expressions utiles *Useful phrases*

- **Tenir:**
  - *Tiens, il neige!* Oh, it's snowing!
  - *Tiens/Tenez, voilà 5 euros.* Here you are, 5 euros.
  - *Tiens! Il a refusé?* He refused? Really?

- **Venir:**
  - *Voyons, ce n'est rien!* Come on, it's nothing!
  - *Voyons* . . . *lundi? Oui, d'accord!* Let's see . . . Monday? Yes, all right!

28 Le passif *The passive*

A A dog attacked two children. *Un chien a attaqué deux enfants.*
B Two children were attacked by a dog. *Deux enfants ont été attaqués par un chien.*

Sentence A – the subject – 'a dog' – is active (performing the attack).
Sentence B – the subject – 'two children' – is passive (undergoing the attack).
There are several ways of expressing the English passive in French.

28a Les verbes au passif *Passive verb forms*

- Formation: *être* in the appropriate tense + past participle always agreeing with the subject. This passive structure – often used in newspaper, radio and TV accounts – can give a more dramatic feel to events:
  - Two children were attacked by . . . (perfect) *Deux enfants **ont été attaqués** par* . . .
  - The children will be interviewed by . . . (future) *Les enfants **seront interrogés** par* . . .
  - They are going to be interviewed . . . (immediate future) *Ils **vont être interrogés** par* . . .
  - The dog had already been seen by . . . (pluperfect) *Le chien **avait** déjà **été vu** par* . . .
  - The dog has not yet been caught. (negative) *Le chien n'**a** pas encore **été attrapé**.*

28b «On» + verbe actif *On + active verb*

Although English uses the passive, an *On* . . . structure can be used when the person doing the action isn't important or isn't known:
  The children were taken to hospital.
  On a conduit *les enfants à l'hôpital.* (= *Les enfants ont été conduits à l'hôpital.*)

28c Verbes pronominaux *Reflexive verbs*

The English passive can sometimes be translated by making active verbs (*manger*, etc.) reflexive:
  Cheese is eaten before dessert. *Le fromage **se mange** avant le dessert.*
  It isn't done. *Ça ne **se fait** pas.*

29 Le subjonctif *The subjunctive*

- The subjunctive is the name given to verb forms used after some verbs/phrases + *que* that convey possibilities, opinions, wishes and doubts. It is pointless to try and compare it to anything in English, where it is a rare occurence (. . . the verb in 'God save the King/Queen' is an English subjunctive expressing a wish: 'May God save . . .').

- The subjunctive consists of four tenses which have the same names as some of the 'indicative' tenses you know: the present, the imperfect, the perfect and the pluperfect.
- The present subjunctive is used all the time. The perfect subjunctive is used to a lesser extent. The imperfect and pluperfect subjunctive are never used in speech and hardly at all in literature. If you come across either, the context will help you understand them.

29a Conjugaison *Formation of the present subjunctive*

- Stem of the *ils* form of the present indicative + endings: *-e, -es, -e, -ions, -iez, -ent*
    Je parle, tu parles, il/elle/on parle, nous parlions, vous parliez, ils/elles parlent
    Je finisse, tu finisses, il finisse, nous finissions, vous finissiez, ils finissent
    Je vende, tu vendes, il vende, nous vendions, vous vendiez, ils vendent
    Watch out – in the present tense, the *ils* stem may be different from the infinitive:
    prendre ⟹ (*prennent*) ⟹ *je prenne . . .*
    boire ⟹ (*boivent*) ⟹ *je boive . . .*

- Learn these common irregular verbs – see pp148-52:
    aller, avoir, écrire, être, faire, pouvoir, prendre, recevoir, savoir, venir, voir, vouloir

29b Usage *Using the present subjunctive*

- After some verbs/phrases expressing wishes, emotions or expectations:
    The letters in brackets refer to the examples given in **29c**.

    aimer que to like
    préférer que to prefer **(a)**
    être content, etc. que to be pleased, etc. that
    être étonné/surpris que to be surprised that

    accepter que to accept that
    défendre que to forbid*

    désirer/souhaiter que to wish
    permettre que to allow*
    vouloir que to want **(b)**
    exiger que to demand
    ordonner que to order*

    avoir peur que to be afraid that
    regretter que to regret that
    désapprouver que to disapprove that

    empêcher que to prevent*
    interdire que to forbid*

    il faut que it is necessary that
    ne pas croire que not to believe that **(c)**
    attendre que to wait for
    s'attendre à ce que to expect

    *alternative construction exists (see **13d**)

- After certain conjunctions (concession, time, purpose, condition, fear, etc.):
    bien que although
    quoique although

    avant que before **(d)**
    après que after
    en attendant que until
    jusqu'à ce que until
    afin que so that
    pour que so that

    à condition que on condition that
    à moins que + ne unless **(e)**
    pourvu que provided that
    Que . . . Whether . . .
    Que . . . May . . . **(f)**

    de peur que + ne for fear that
    de crainte que + ne for fear that

non que not that
sans que without **(g)**

- After verbs/phrases expressing possibility:
    douter que to doubt that
    il arrive que it happens that
    il se peut que it may be that
    il est (im)possible que it is (im)possible that
    *il semble que** it seems that
    * but no subjunctive after *Il me/te . . . semble que* (It seems to me/you that . . .)

- Other:
    il est dommage que it is a shame that
    il est important que it is important that
    il est préférable que it is preferable that
    il est temps que it is time that
    il vaut mieux que it is better that
    il vaut mieux que... le fait que the fact that

    que/qui that/who **(h)**
    qui que whoever
    quel que whichever **(i)**
    quoi que whatever
    où que wherever

29c Exemples *Examples*

These examples illustrate some of uses of the present subjunctive presented above.
Compare the word order in French and in English.

a *Je préfère que tu travailles seul.* I prefer you to work alone.
b *Elle veut que je parte plus tôt.* She wants me to leave earlier.
c *Je crois qu'il est 11h mais je ne crois pas qu'il soit là.* I think it's 11.00 but I don't think he's here.
d *Rentre avant qu'il (ne) fasse nuit.* Come home before it gets dark.
e *Téléphone, à moins qu'il (ne) soit trop tard.* Phone, unless it's too late.
f *Qu'il aille au diable!* He can go to hell!
g *Elle travaille sans qu'il le sache.* She works without his knowing it.
h *Y a-t-il quelqu'un qui sache parler russe?* Is there someone who can speak Russian?
i *Je refuse, quelles que soient ses raisons.* I refuse, whatever his/her reasons may be.

- Note: *ne* is used essentially in formal writing with *avant que*, *à moins que*, *de peur que* and *de crainte que* (see examples **d** and **e** above). It is a stylistic device that doesn't make that part of the sentence negative.

29d Le subjonctif ou l'infinitif? *Subjunctive or infinitive?*

- Except in **f** – a rare structure – all the above sentences contain two verbs, each with a different subject:
    She wants **me** to leave earlier. (She ◀━━▶ wants, me ◀━━▶ leave)
    *Elle veut **que je parte** plus tôt.*

- When, in this kind of sentence, the two verbs share the same subject, there is no need for *que* + subjunctive. The infinitive is used instead:
    She wants to leave earlier. (She ━━▶ wants, (herself) ◀━━▶ leave)
    *Elle veut **partir** plus tôt.*

- You can sometimes use a noun instead of a subjunctive:
    Appelle-moi avant qu'il arrive. = *Appelle-moi avant son arrivée.*

29e **Le subjonctif parfait** *The perfect subjunctive*

- **Formation**: present subjunctive of *avoir/être* + past participle.
  It is used because of the sequence of tenses:
      *Je **doute** qu'il **ait téléphoné**.* I doubt he's phoned.
          present   past

30 **Les verbes impersonnels** *Impersonal verbs*

Impersonal verbs are invariable and only used with *il*:

- *Il pleut/Il fait chaud,* etc. It's raining/It's hot, etc.
  Il y a . . . There is/are . . .
  Il est 5h. It's 5.00.
  Il est facile/utile, etc. *de . . .* It's easy/useful, etc. to . . .
  Il m'est facile de . . . It's easy for me to . . .

- *Il s'agit de* it's about   *il arrive/se passe* it happens   *il existe* there is/are   *il faut* it's necessary to
  il manque . . . is missing   *il paraît/semble* it seems   *il reste* there remain   *il suffit . . .* is enough
  il vaut mieux   it's better/preferable:

      *Il en **existe** seulement trois exemplaires mais il **paraît qu'il arrive** d'en trouver des copies.*
      Only three copies exist but, apparently, reproductions are sometimes found.

      *Il **se passe** des choses très bizarres ici.*
      Strange things happen here.

      *Il **restait** deux tableaux mais il en **manque** un.*
      There were two paintings left but one is missing.

      *Il **faut** un référendum car il **s'agit de** prendre une décision.*
      A referendum is needed because a decision has to be made.

      *Il **vaut mieux** apprendre la grammaire car il ne **suffit** pas de la comprendre.*
      It's better to learn grammar because understanding it is not enough.

- Notice the difference:
  - adjective + *de* + infinitive:
    Il est facile d'apprendre le russe! (formal)
    C'est facile d'apprendre le russe! (informal)
  - no verb construction after adjective:
    Apprendre le russe? C'est facile! (never: *Il est*)

Tableaux des conjugaisons

For verbs not included here, consult the back of your dictionary.

arriver *to arrive*

Infinitive	Present	Future	Imperfect	Past/Present participle	Present subjunctive
j'	arrive	arriverai	arrivais	arrivé(e)(s)	arrive
tu	arrives	arriveras	arrivais	(⮕ être)	arrives
il/elle/on	arrive	arrivera	arrivait		arrive
nous	arrivons	arriverons	arrivions	arrivant	arrivions
vous	arrivez	arriverez	arriviez		arriviez
ils/elles	arrivent	arriveront	arrivaient		arrivent

finir *to finish*

Infinitive	Present	Future	Imperfect	Past/Present participle	Present subjunctive
je	finis	finirai	finissais	fini	finisse
tu	finis	finiras	finissais	(⮕ avoir)	finisses
il/elle/on	finit	finira	finissait		finisse
nous	finissons	finirons	finissions	finissant	finissions
vous	finissez	finirez	finissiez		finissiez
ils/elles	finissent	finiront	finissaient		finissent

vendre *to sell*

Infinitive	Present	Future	Imperfect	Past/Present participle	Present subjunctive
je	vends	vendrai	vendais	vendu	vende
tu	vends	vendras	vendais	(⮕ avoir)	vendes
il/elle/on	vend	vendra	vendait		vende
nous	vendons	vendrons	vendions	vendant	vendions
vous	vendez	vendrez	vendiez		vendiez
ils/elles	vendent	vendront	vendaient		vendent

acheter *to buy*

Infinitive	Present	Future	Imperfect	Past/Present participle	Present subjunctive
j'	achète	achèterai	achetais	acheté	achète
tu	achètes	achèteras	achetais	(⮕ avoir)	achètes
il/elle/on	achète	achètera	achetait		achète
nous	achetons	achèterons	achetions	achetant	achetions
vous	achetez	achèterez	achetiez		achetiez
ils/elles	achètent	achèteront	achetaient		achètent

aller *to go*

Infinitive	Present	Future	Imperfect	Past/Present participle	Present subjunctive
je/j'	vais	irai	allais	allé(e)(s)	aille
tu	vas	iras	allais	(⟶ être)	ailles
il/elle/on	va	ira	allait		aille
nous	allons	irons	allions	allant	allions
vous	allez	irez	alliez		alliez
ils/elles	vont	iront	allaient		aillent

avoir *to have*

Infinitive	Present	Future	Imperfect	Past/Present participle	Present subjunctive
j'	ai	aurai	avais	eu	aie
tu	as	auras	avais	(⟶ avoir)	aies
il/elle/on	a	aura	avait		ait
nous	avons	aurons	avions	ayant	ayons
vous	avez	aurez	aviez		ayez
ils/elles	ont	auront	avaient		aient

boire *to drink*

Infinitive	Present	Future	Imperfect	Past/Present participle	Present subjunctive
je	bois	boirai	buvais	bu	boive
tu	bois	boiras	buvais	(⟶ avoir)	boives
il/elle/on	boit	boira	buvait		boive
nous	buvons	boirons	buvions	buvant	buvions
vous	buvez	boirez	buviez		buviez
ils/elles	boivent	boiront	buvaient		boivent

conduire *to drive*

Infinitive	Present	Future	Imperfect	Past/Present participle	Present subjunctive
je	conduis	conduirai	conduisais	conduit	conduise
tu	conduis	conduiras	conduisais	(⟶ avoir)	conduises
il/elle/on	conduit	conduira	conduisait		conduise
nous	conduisons	conduirons	conduisions	conduisant	conduisions
vous	conduisez	conduirez	conduisiez		conduisiez
ils/elles	conduisent	conduiront	conduisaient		conduisent

connaître *to know*

Infinitive	Present	Future	Imperfect	Past/Present participle	Present subjunctive
je	connais	connaîtrai	connaissais	connu	connaisse
tu	connais	connaîtras	connaissais	(⟶ avoir)	connaisses
il/elle/on	connaît	connaîtra	connaissait		connaisse
nous	connaissons	connaîtrons	connaissions	connaissant	connaissions
vous	connaissez	connaîtrez	connaissiez		connaissiez
ils/elles	connaissent	connaîtront	connaissaient		connaissent

courir *to run*

Infinitive	Present	Future	Imperfect	Past/Present participle	Present subjunctive
je	cours	courrai	courais	couru	coure
tu	cours	courras	courais	(⟹ avoir)	coures
il/elle/on	court	courra	courait		coure
nous	courons	courrons	courions	courant	courions
vous	courez	courrez	couriez		couriez
ils/elles	courent	courront	couraient		courent

croire *to believe*

Infinitive	Present	Future	Imperfect	Past/Present participle	Present subjunctive
je	crois	croirai	croyais	cru	croie
tu	crois	croiras	croyais	(⟹ avoir)	croies
il/elle/on	croit	croira	croyait		croie
nous	croyons	croirons	croyions	croyant	croyions
vous	croyez	croirez	croyiez		croyiez
ils/elles	croient	croiront	croyaient		croient

devoir *must/to have to*

Infinitive	Present	Future	Imperfect	Past/Present participle	Present subjunctive
je	dois	devrai	devais	dû	doive
tu	dois	devras	devais	(⟹ avoir)	doives
il/elle/on	doit	devra	devait		doive
nous	devons	devrons	devions	devant	devions
vous	devez	devrez	deviez		deviez
ils/elles	doivent	devront	devaient		doivent

dire *to say*

Infinitive	Present	Future	Imperfect	Past/Present participle	Present subjunctive
je	dis	dirai	disais	dit	dise
tu	dis	diras	disais	(⟹ avoir)	dises
il/elle/on	dit	dira	disait		dise
nous	disons	dirons	disions	disant	disions
vous	dites	direz	disiez		disiez
ils/elles	disent	diront	disaient		disent

dormir *to sleep*

Infinitive	Present	Future	Imperfect	Past/Present participle	Present subjunctive
je	dors	dormirai	dormais	dormi	dorme
tu	dors	dormiras	dormais	(⟹ avoir)	dormes
il/elle/on	dort	dormira	dormait		dorme
nous	dormons	dormirons	dormions	dormant	dormions
vous	dormez	dormirez	dormiez		dormiez
ils/elles	dorment	dormiront	dormaient		dorment

écrire *to write*

Infinitive	Present	Future	Imperfect	Past/Present participle	Present subjunctive
j'	écris	écrirai	écrivais	écrit	écrive
tu	écris	écriras	écrivais	(➡ avoir)	écrives
il/elle/on	écrit	écrira	écrivait		écrive
nous	écrivons	écrirons	écrivions	écrivant	écrivions
vous	écrivez	écrirez	écriviez		écriviez
ils/elles	écrivent	écriront	écrivaient		écrivent

envoyer *to send*

Infinitive	Present	Future	Imperfect	Past/Present participle	Present subjunctive
j'	envoie	enverrai	envoyais	envoyé	envoie
tu	envoies	enverras	envoyais	(➡ avoir)	envoies
il/elle/on	envoie	enverra	envoyait		envoie
nous	envoyons	enverrons	envoyions	envoyant	envoyions
vous	envoyez	enverrez	envoyiez		envoyiez
ils/elles	envoient	enverront	envoyaient		envoient

être *to be*

Infinitive	Present	Future	Imperfect	Past/Present participle	Present subjunctive
je/j'	suis	serai	étais	été	sois
tu	es	seras	étais	(➡ avoir)	sois
il/elle/on	est	sera	était		soit
nous	sommes	serons	étions	étant	soyons
vous	êtes	serez	étiez		soyez
ils/elles	sont	seront	étaient		soient

faire *to do/to make*

Infinitive	Present	Future	Imperfect	Past/Present participle	Present subjunctive
je	fais	ferai	faisais	fait	fasse
tu	fais	feras	faisais	(➡ avoir)	fasses
il/elle/on	fait	fera	faisait		fasse
nous	faisons	ferons	faisions	faisant	fassions
vous	faites	ferez	faisiez		fassiez
ils/elles	font	feront	faisaient		fassent

falloir *to be necessary*

Infinitive	Present	Future	Imperfect	Past/Present participle	Present subjunctive
il	faut	faudra	fallait	fallu (➡ avoir)	faille

jeter *to throw*

Infinitive	Present	Future	Imperfect	Past/Present participle	Present subjunctive
je	jette	jetterai	jetais	jeté	jette
tu	jettes	jetteras	jetais	(➡ avoir)	jettes
il/elle/on	jette	jettera	jetait		jette
nous	jetons	jetterons	jetions	jetant	jetions
vous	jetez	jetterez	jetiez		jetiez
ils/elles	jettent	jetteront	jetaient		jettent

lire *to read*

Infinitive	Present	Future	Imperfect	Past/Present participle	Present subjunctive
je	lis	lirai	lisais	lu	lise
tu	lis	liras	lisais	(➡ avoir)	lises
il/elle/on	lit	lira	lisait		lise
nous	lisons	lirons	lisions	lisant	lisions
vous	lisez	lirez	lisiez		lisiez
ils/elles	lisent	liront	lisaient		lisent

mettre *to put*

Infinitive	Present	Future	Imperfect	Past/Present participle	Present subjunctive
je	mets	mettrai	mettais	mis	mette
tu	mets	mettras	mettais	(➡ avoir)	mettes
il/elle/on	met	mettra	mettait		mette
nous	mettons	mettrons	mettions	mettant	mettions
vous	mettez	mettrez	mettiez		mettiez
ils/elles	mettent	mettront	mettaient		mettent

mourir *to die*

Infinitive	Present	Future	Imperfect	Past/Present participle	Present subjunctive
je	meurs	mourrai	mourais	mort(e)(s)	meure
tu	meurs	mourras	mourais	(➡ être)	meures
il/elle/on	meurt	mourra	mourait		meure
nous	mourons	mourrons	mourions	mourant	mourions
vous	mourez	mourrez	mouriez		mouriez
ils/elles	meurent	mourront	mouraient		meurent

naître *to be born*

Infinitive	Present	Future	Imperfect	Past/Present participle	Present subjunctive
je	nais	naîtrai	naissais	né(e)(s)	naisse
tu	nais	naîtras	naissais	(➡ être)	naisses
il/elle/on	naît	naîtra	naissait		naisse
nous	naissons	naîtrons	naissions	naissant	naissions
vous	naissez	naîtrez	naissiez		naissiez
ils/elles	naissent	naîtront	naissaient		naissent

ouvrir *to open*

Infinitive	Present	Future	Imperfect	Past/Present participle	Present subjunctive
j'	ouvre	ouvrirai	ouvrais	ouvert	ouvre
tu	ouvres	ouvriras	ouvrais	(➡ avoir)	ouvres
il/elle/on	ouvre	ouvrira	ouvrait		ouvre
nous	ouvrons	ouvrirons	ouvrions	ouvrant	ouvrions
vous	ouvrez	ouvrirez	ouvriez		ouvriez
ils/elles	ouvrent	ouvriront	ouvraient		ouvrent

partir *to leave*

Infinitive	Present	Future	Imperfect	Past/Present participle	Present subjunctive
je	pars	partirai	partais	parti(e)(s)	parte
tu	pars	partiras	partais	(⟹ être)	partes
il/elle/on	part	partira	partait		parte
nous	partons	partirons	partions	partant	partions
vous	partez	partirez	partiez		partiez
ils/elles	partent	partiront	partaient		partent

payer *to pay*

Infinitive	Present	Future	Imperfect	Past/Present participle	Present subjunctive
je	paie	paierai	payais	payé	paie
tu	paies	paieras	payais	(⟹ avoir)	paies
il/elle/on	paie	paiera	payait		paie
nous	payons	paierons	payions	payant	payions
vous	payez	paierez	payiez		payiez
ils/elles	paient	paieront	payaient		paient

pleuvoir *to rain*

Infinitive	Present	Future	Imperfect	Past/Present participle	Present subjunctive
il	pleut	pleuvra	pleuvait	plu (⟹ avoir) pleuvant	pleuve

pouvoir *can/to be able to*

Infinitive	Present	Future	Imperfect	Past/Present participle	Present subjunctive
je	peux	pourrai	pouvais	pu	puisse
tu	peux	pourras	pouvais	(⟹ avoir)	puisses
il/elle/on	peut	pourra	pouvait		puisse
nous	pouvons	pourrons	pouvions	pouvant	puissions
vous	pouvez	pourrez	pouviez		puissiez
ils/elles	peuvent	pourront	pouvaient		puissent

préférer *to prefer*

Infinitive	Present	Future	Imperfect	Past/Present participle	Present subjunctive
je	préfère	préférerai	préférais	préféré	préfère
tu	préfères	préféreras	préférais	(⟹ avoir)	préfères
il/elle/on	préfère	préférera	préférait		préfère
nous	préférons	préférerons	préférions	préférant	préférions
vous	préférez	préférerez	préfériez		préfériez
ils/elles	préfèrent	préféreront	préféraient		préfèrent

prendre *to take*

Infinitive	Present	Future	Imperfect	Past/Present participle	Present subjunctive
je	prends	prendrai	prenais	pris	prenne
tu	prends	prendras	prenais	(⟹ avoir)	prennes
il/elle/on	prend	prendra	prenait		prenne
nous	prenons	prendrons	prenions	prenant	prenions
vous	prenez	prendrez	preniez		preniez
ils/elles	prennent	prendront	prenaient		prennent

recevoir *to receive*

Infinitive	Present	Future	Imperfect	Past/Present participle	Present subjunctive
je	reçois	recevrai	recevais	reçu	reçoive
tu	reçois	recevras	recevais	(⟹ avoir)	reçoives
il/elle/on	reçoit	recevra	recevait		reçoive
nous	recevons	recevrons	recevions	recevant	recevions
vous	recevez	recevrez	receviez		receviez
ils/elles	reçoivent	recevront	recevaient		reçoivent

rire *to laugh*

Infinitive	Present	Future	Imperfect	Past/Present participle	Present subjunctive
je	ris	rirai	riais	ri	rie
tu	ris	riras	riais	(⟹ avoir)	ries
il/elle/on	rit	rira	riait		rie
nous	rions	rirons	riions	riant	riions
vous	riez	rirez	riiez		riiez
ils/elles	rient	riront	riaient		rient

savoir *to know*

Infinitive	Present	Future	Imperfect	Past/Present participle	Present subjunctive
je	sais	saurai	savais	su	sache
tu	sais	sauras	savais	(⟹ avoir)	saches
il/elle/on	sait	saura	savait		sache
nous	savons	saurons	savions	sachant	sachions
vous	savez	saurez	saviez		sachiez
ils/elles	savent	sauront	savaient		sachent

suivre *to follow*

Infinitive	Present	Future	Imperfect	Past/Present participle	Present subjunctive
je	suis	suivrai	suivais	suivi	suive
tu	suis	suivras	suivais	(⟹ avoir)	suives
il/elle/on	suit	suivra	suivait		suive
nous	suivons	suivrons	suivions	suivant	suivions
vous	suivez	suivrez	suiviez		suiviez
ils/elles	suivent	suivront	suivaient		suivent

tenir *to hold*

Infinitive	Present	Future	Imperfect	Past/Present participle	Present subjunctive
je	tiens	tiendrai	tenais	tenu	tienne
tu	tiens	tiendras	tenais	(➠ avoir)	tiennes
il/elle/on	tient	tiendra	tenait		tienne
nous	tenons	tiendrons	tenions	tenant	tenions
vous	tenez	tiendrez	teniez		teniez
ils/elles	tiennent	tiendront	tenaient		tiennent

venir *to come*

Infinitive	Present	Future	Imperfect	Past/Present participle	Present subjunctive
je	viens	viendrai	venais	venu(e)(s)	vienne
tu	viens	viendras	venais	(➠ être)	viennes
il/elle/on	vient	viendra	venait		vienne
nous	venons	viendrons	venions	venant	venions
vous	venez	viendrez	veniez		veniez
ils/elles	viennent	viendront	venaient		viennent

vivre *to live*

Infinitive	Present	Future	Imperfect	Past/Present participle	Present subjunctive
je	vis	vivrai	vivais	vécu	vive
tu	vis	vivras	vivais	(➠ avoir)	vives
il/elle/on	vit	vivra	vivait		vive
nous	vivons	vivrons	vivions	vivant	vivions
vous	vivez	vivrez	viviez		viviez
ils/elles	vivent	vivront	vivaient		vivent

voir *to see*

Infinitive	Present	Future	Imperfect	Past/Present participle	Present subjunctive
je	vois	verrai	voyais	vu	voie
tu	vois	verras	voyais	(➠ avoir)	voies
il/elle/on	voit	verra	voyait		voie
nous	voyons	verrons	voyions	voyant	voyions
vous	voyez	verrez	voyiez		voyiez
ils/elles	voient	verront	voyaient		voient

vouloir *to want*

Infinitive	Present	Future	Imperfect	Past/Present participle	Present subjunctive
je	veux	voudrai	voulais	voulu	veuille
tu	veux	voudras	voulais	(➠ avoir)	veuilles
il/elle/on	veut	voudra	voulait		veuille
nous	voulons	voudrons	voulions	voulant	voulions
vous	voulez	voudrez	vouliez		vouliez
ils/elles	veulent	voudront	voulaient		veuillent

Mieux communiquer

This section lists useful phrases introduced in *Objectif Bac 1* for expressing a variety of language functions. For language functions exploited in *Objectif Bac 2*, see *Mieux communiquer* p160.

Clé
(1) + *que* + indicatif
(2) + adjectif
(3) + nom
(4) + *de* + infinitif
(5) + *que* + subjunctif
(6) + infinitif

Exemple
Je ne crois pas **(3, 5, 6)**
(3) Je ne crois pas son histoire.
(5) Je ne crois pas qu'il puisse réussir.
(6) Je ne crois pas pouvoir venir.

Stating opinions, facts and reactions
A mon avis, / Personnellement,
Dans la mesure où / Etant donné **(1)**
J'estime / Je trouve / Je pense / Il me semble **(1)**
Je crois / Je dirais / Je dois avouer / J'ai tendance à croire **(1)**
Vous ne trouvez pas …? **(1)**
Je le trouve **(2)**
Je lui reproche **(3, 4)**
Cela me paraît … / Cela me semble … **(2)**
J'aime **(3, 4, 5)**
Je préfère **(3, 5, 6)**
Je déplore **(3, 5)**
Je regrette **(4, 5)**
Il est important **(4, 5)**
Il est dommage **(4, 5)**
Je suis surpris/étonné **(4, 5)**
Ça ne m'étonne pas de lui
Ça m'étonne / Ça me surprend
Ce dont j'ai horreur, c'est **(3, 4, 5)**
Ce que j'aime surtout, c'est / Ce que je préfère, c'est **(1, 3, 5, 6)**
Ce qui m'intéresse, c'est **(1, 3, 5, 6)**

Agreeing and disagreeing
Je dirais (plutôt) **(1)**
Je préfère / Je préférerais **(5, 6)**
Il vaudrait mieux / J'aimerais mieux **(5, 6)**
Je trouve difficile/impossible/impensable **(3, 4, 5)**
Je ne crois pas **(3, 5, 6)**

Stating facts, comparing and contrasting
Par rapport à / En comparaison avec **(3)**
A l'inverse de / Contrairement à / Par contraste avec **(3)**
Tandis **(1)**
En revanche, / D'un autre côté, / Cependant, / Toutefois, / Par contre,
Grâce à
Malgré
On voit / On constate / On remarque / Ceci montre **(1, 3)**

Describing and defining
Cela permet **(4)**
Cela aide à **(6)**
Cela empêche **(4)**
C'est quelque chose qui signifie **(1, 3)**
C'est quelque chose dont on se sert pour / C'est quelque chose qu'on utilise pour **(6)**
C'est quelque chose dont on a besoin pour **(6)**
C'est quelque chose qui permet **(4)**/ C'est quelque chose qui aide à **(6)**

Stating intentions, wishing, requesting and ordering
J'ai l'intention **(4)**
Je souhaite / Je désire **(3, 5, 6)**
J'aimerais bien **(3, 5, 6)**
J'aimerais mieux **(3, 5, 6)**
Je veux / Je voudrais **(3, 5, 6)**
J'exige / J'ordonne **(3, 4, 5)**
Il faut **(3, 5, 6)**
Pourvu **(5)**
J'interdis / Je défends **(3, 4, 5)**
Je veux empêcher **(3, 4, 5)**
Veuillez **(6)**

Expressing doubt and fear
Je doute / Il est douteux **(5)**
Je crains **(3, 4, 5)**
J'hésite à **(6)**
De peur **(4, 5)**
De crainte **(4, 5)**

Rights and duties

Il faut / Il faudrait **(3, 5, 6)**

Il est essentiel / Il est impératif **(4, 5)**

On doit **(6)**

On devrait **(6)**

Making suggestions and giving advice

Il vaut mieux **(3, 5, 6)**

Il vaudrait mieux **(3, 5, 6)**

Il est/serait préférable **(4, 5)**

Il est conseillé **(4, 5)**

On devrait **(6)**

On pourrait **(6)**

Pourquoi ne pas...? **(6)**

Si on ...? **(+ imparfait)**

Si j'étais vous, / A votre place, / Si c'était moi,

Je vous conseille **(3, 4)**

Vous pourriez **(6)**

Expressing disappointment and regret

Je regrette **(3, 4, 5)**

Il est dommage **(4, 5)**

Quel dommage **(4, 5)**

Index

Techniques de travail

Mieux communiquer

Instructions

Cette liste contient uniquement les instructions les moins connues.

accord *m* agreement
à partir de from, using
à plusieurs with several others
à voix haute aloud
abordé exploited
afin de in order to
ajoutez add
ainsi like this
améliorez improve
appliquez apply
au moins at least

bilan *m* outcome, evaluation
brouillon *m* rough work

citez quote, name
conseils *m* advice
court short

d'après vous according to you
déduisez deduce
données *f* data
dressez (une liste) draw up

entraînez-vous practise
exposé *m* presentation
évitez avoid

gardez keep

mots *m* **de liaison** link words

par cœur by heart
plusieurs fois several times

racine *f* root, stem
rédaction *f* essay
réfléchissez think
relevez note
repérez spot

sondage *m* survey
soulignez underline

terminaison *f* ending
tiré de extracted from